首都博物馆馆藏纺织品
保护研究报告

首都博物馆馆藏纺织品保护研究报告

首都博物馆 编

文物出版社

责任编辑：楼宇栋 秦 彧

装帧设计：李 红

责任印制：陆 联

图书在版编目（ＣＩＰ）数据

首都博物馆馆藏纺织品保护研究报告/首都博物馆编.
北京：文物出版社，2009.9
ISBN 978-7-5010-2810-8

I.首… II.首… III.博物馆－纺织品－文物保护－研
究报告－北京市 IV.G264 K876.9

中国版本图书馆CIP数据核字（2009）第148360号

首都博物馆馆藏纺织品保护研究报告

首都博物馆 编

＊

文 物 出 版 社 出 版 发 行

（北京市东直门内北小街2号楼）

http://www.wenwu.com

E-mail：web@wenwu.com

影天印业有限公司制版印刷

新 华 书 店 经 销

889×1194 1/16 印张：10.5

2009年9月第1版 2009年9月第1次印刷

ISBN 978-7-5010-2810-8 定价：180.00元

目 录

内容提要

　　本书以首都博物馆申请北京市科委《首都博物馆馆藏纺织品保护研究》项目的结题报告为基础编写而成，是一本关于纺织品文物修复以及修复过程中对文物进行的涉及考古、文化、工艺及对博物馆保管和展陈方式探讨的研究报告。书中重点论述首都博物馆纺织品保护研究工作室修复庆寿寺出土龙纹绣袱、堆补绣火焰纹僧帽、白塔寺出土密封册的方法和理念，介绍了修复过程中如何应用传统物理方法修复纺织品文物，并注意结合高科技检测手段，应用生物酶和超声波物理清洗方法，同时结合博物馆自身的研究、保管和陈列功能，对几件文物进行了文化和工艺、保管环境与方式、陈列方式与材料等方面的探研。另外，书中还介绍了首都博物馆复制定陵百子衣的过程、对馆藏明代绣片的研究和工作中改进的桑蚕单丝绕网机。本书根据实践工作编写而成，是一本较为全面的纺织品修复保护与研究的科研报告。

Abstract

This book based on the conclusive report on the research project of the Capital Museum's textile collection protection, a project sponsored by Beijing Scientific Committee. It focuses mainly on the restoration of the textile collection , the archaeological, cultural and handicraft issues found during the process of restoration and the preservation and display of the textiles herein. It provides the methods and conceptions of the Textile Research Studio of the Capital Museum on restoring the dragon veins wrapping cloth and the flame veins monk's hat excavated in Qingshou Temple and the sealed volumes excavated in the White Pagoda Temple collected by the Capital Museum. In this book, a method which combines the modern detection means, the biological enzyme and the ultrasonic cleaning methods in restoring textile relics was introduced. It also introduces the exploring of the culture, handicraft, preserving environments and methods, and the exhibition modes of some textile relics according to Capital Museum's research, preservation and display experiences. Besides, the book introduces the replication process of the cloth embroidered with one hundred children evacuated from the tomb of Emperor Wanli in Ming Dynasty and the improved monofilament reeling machine. This book is written in accordance with the practice. It gives a detailed and comprehensive research report of the restoration and preservation of the textile relics.

概　要

　　本書は首都博物館が北京市科学委員会に申請した「首都博物館所蔵している紡績品の保護研究」というプロジェクトの総括的な報告に基づいて編集され、紡績品に関する文物修復過程の中で、文物に関連する考古学、文化、工芸また保管と陳列方式などを探究する報告である。

　　本書では首都博物館紡績品保護研究グループが慶寿寺から出土した竜紋刺繍布、炎紋堆補繍（縫い繕いにより文様をつける刺繍方法の一種）僧帽、白塔寺で発掘された密封冊などの修復方法と理念を論じ、修復において伝統的な修復方法と現代的な検証手段の使用、生物酵素と超音波での洗濯方法を紹介した。同時に、本館自身の研究、保管、陳列などと結びつき、数点の文物に対し、文化と工芸、保管の環境と方式、陳列方法及び材料など、いくつかの方面のテーマを検討した。そのほか、首都博物館の定陵から出土した百子衣の複製過程、本館収蔵している明代の刺繍品の研究、改新した単糸絹網機（紙、絹などを固定するシングル糸絹網を結成する機械）も紹介した。本書は実践作業により編集され、全面的かつ詳しい紡績品の修復、保護と研究の科学研究報告である。

序 徐苹芳

　　这本书是首都博物馆保护本馆藏品的研究报告。2005年首都博物馆新馆建成后，筹建各种不同质类文物的修复保护中心，聘请王亚蓉先生负责纺织品保护研究工作室，她指导四五位很年轻的不同专业毕业的大学生，继承新中国文物保护事业的优良传统，严肃认真，日以继夜地勤奋工作，先后修复保护了北京庆寿寺海云和尚塔基出土的云龙纹绣袱、火焰纹堆补绣僧帽和北京白塔寺（元大圣寿万安寺）塔顶华盖内清乾隆时入藏的"密封册"。在复制明定陵孝靖皇后百子衣的同时，精密地研究了它的用料、织法，堆金、蹙金和圈金技法以及剪裁成衣的工艺，并补做了缺失部分，根据同出其他衣服和元明时期类似图纹予以复原，尽量近于原貌。还收入一件最近入藏的明代云龙纹袍料，它一直被认为是缂丝彩绣，实际却是一种缠纱纳绣，缂丝为纵向缂口，通经断纬，而缠纱纳绣以横向为缂口，通纬断经，这是新发现的一种新的刺绣工艺，值得注意。

　　这本书的出版有三点对我们有所启示：

　　第一，中国文物保护修复工作必须继承中国文物保护事业的优良传统，既要汲取现代科技的新技术，又要充分利用中国传统工艺，两相结合，创造出符合中国文物保护的实际经验，这就是建国以来我们的优良传统。譬如本书所介绍的在1970～1971年间中国科学院考古研究所在修复阿尔巴尼亚珍贵古书时，创造了单根桑蚕丝叠绕网为主体，以聚乙烯醇缩丁醛（PVB）为胶粘剂和一整套丝网加固技术，用它来正面加固字书等薄质脆弱文物，既有实效，外观又不显露痕迹，作到完全保持原物的形态。其后，在修复加固长沙马王堆汉墓出土丝绸帛画上也应用了这种桑蚕单丝网·PVB加固技术，取得了成功，在国际上也得到了好评，并在故宫博物院、中国文物研究所、南京博物院、湖北省博物馆和北京大学图书馆等单位推广，用来保护加固两面字书、纸张、丝绸、皮革等文物，还应用于装潢衬裱和壁画揭取。法门寺塔基唐代丝绸的加固也是用的这种技术。三十多年间，这种加固技术是稳定的，没有发现问题，而且一旦有问题，也是可以逆转的。首都博物馆这次修复文物仍是用这种技术。王亚蓉先生还改进了桑蚕单丝绕网机，改手动为电动，用三个不同轮径的转轮带动不同轴径，制作不同密度的丝网；改喉头喷雾器为喷笔、喷泵，使喷出来的粘合剂均匀细腻，操作方便，可随时清洗。改进后的绕网机受到了用户的欢迎。这两项保护技术，都对中国的文物保护事业作出了贡献。

第二，中国社会科学院考古研究所王予先生设计的桑蚕单丝网·PVB加固技术和王亚蓉先生设计的桑蚕单丝绕网机，都没有申请什么个人专利，而是在文物界广泛推广。这有利于国家保护文物事业。中国的文物保护属于政府行为，各种文物保护技术的设计发明，自始便受政府的资助，所有的技术成果都属于国家所有，在政府的主持下无偿推广。这是两个极好的事例，值得推广。比起另一些所谓的文物保护专家，怀藏秘方，待价而贾，索取高额费用，中饱私囊，真有天渊之别。我们要表彰正气，鄙视劣行。

第三，每一项文物保护工作，都应有详细的工作记录，除文字记录外，还应有记录主要过程的影像资料。重要文物的保护修复完成都应有正式的报告发表。首都博物馆的这本报告为我们作了一个很好的示范。

2008年2月10日于北京

序　周宝中

　　《首都博物馆馆藏纺织品保护研究报告》，是首都博物馆文物保护修复中心纺织品保护研究工作室近年来在文物保护科技研究中所取得的丰硕成果。这项成果的取得首先应感谢北京市科学技术委员会对文物保护科技工作的理解和支持。本书的主编是直接主持领导文物保护修复中心全面工作的首都博物馆副馆长、考古学家王武钰先生，该项成果也是王武钰先生的学术成就和工作业绩。

　　文物保护学是自然科学中一门研究人类文化遗产的质量变化规律，并对抗自然力对其破坏的应用科学。他以修复保养文物为中心，在继承总结传统文物保护实践经验的基础上，吸取引进其它科学的理论和技术，逐步发展形成自己特有的科学体系，是产生于实践，应用于实践的技术科学。但在社会上、学术界乃至文博界，对文物保护学的认识却很是不足，甚至文物保护科技在相当长的时期内，被置于次要地位或无地位。北京市科委批准课题立项，标志着文物保护科技在技术科学中的学科地位，被科技主管机构所确认，这是对文物保护科技人员科研成就的肯定。

　　首都博物馆的文物保护科技工作，在新馆建设前已初具规模，为满足新馆陈列的需要，对数千件馆藏文物进行了保护修复技术处理，保证了新馆陈列文物的高水准。本书即为馆内文物保护修复中心纺织品保护研究工作室，在对馆藏纺织品的保护技术实践中完成的。本书所论述的纺织品保护实例，已在新馆展厅陈列。

　　首都博物馆文物保护科技部门，是一支有广阔发展前景的生力军，虽然他们起步较晚，但起点很高。发展文物保护科技需具备多方面的条件：有设施完善的文物保护实验室和修复室等专用建筑；有现代先进的分析检测和保养修复仪器设备；有齐全丰富的专业图书资料和信息网络系统；有精通文物保护科技理论和技能的专门人才。以上诸方面缺一不可，而人才是其中最基本并处于领先地位的条件。首都博物馆的领导者对此有充分的认知并尽全力付之实现。在新馆馆舍建设的规划中，即为文物保护技术部门留下相当的建筑空间，并投入巨资购置配备当代先进的仪器设备，为文物保护科技工作的开展打下了物质基础。

更为突出的是馆领导者的远见卓识，极其重视文物保护科技人才的全面快速培养，给文物保护修复中心一定的人员编制，招聘学有专长的优秀青年加入文物保护科技工作。但他们多数人对文物保护科技却了解甚微，为此馆领导者明智决定，聘请在文博系统从事数十年文物保护科技工作的资深专家入馆，担任技术指导，在文物修复的技术实践中边干边培养。这批青年人不论是博士、硕士或学士，都在干实事，在文物保护科技实践中，学习文物保护科技。

在中国社会科学院四十余年从事纺织品保护研究的著名文物保护专家王亚蓉先生，承担了首都博物馆纺织品保护研究工作室的组建和人员培养任务。在她的主持下建立起具有相当规模的纺织品保护技术机构。她不仅将精湛的纺织品修复技艺传授给年轻人，更以任劳任怨、埋头苦干的工作作风和严谨认真、一丝不苟的治学态度感染着年轻人，使纺织品保护研究室成为成绩卓著的科研集体。本书中列举的刺绣"香花供养"云龙纹包袱修复保护；火焰纹堆补绣僧帽修复；妙应寺白塔密封册修复；明定陵孝靖皇后百子衣新复制等，均系在王亚蓉先生的亲自指导和参与下完成的。她为纺织品保护科技所做的重要贡献，是文博界所共识的。

文物保护科技人员在对文物进行保护修复的过程中，必然对文物的构成材料、制作工艺、质变机理和保存环境等做多方面的深入研究。由于文物保护科技的特殊性，在文物保护修复技术的实施过程中，同时取得更为真实的文物信息，可利用已掌握的科学资料，从事相关内容的研究，本书中也充分记述了这方面的研究成果。

本人多年来与首都博物馆文物保护修复中心纺织品保护研究工作室有较多的接触，有幸目睹老一辈文物保护专家为文物保护科技事业日以继夜的奉献精神，和众多年轻的文物保护科技工作者的刻苦钻研，积极进取的潜能，看到我国的文物保护科技事业健全发展的可喜前程。由于感受颇多，只得零乱地写几句，作为对本书编著者和首都博物馆文物保护修复中心全体文保科技同仁的祝贺。

2008年5月16日

    首都博物馆文物保护修复中心成立于2005年4月。其前身为索思曼中华文物保护中心和首都博物馆技术部。中心现有人员31人，下设字画保护研究工作室、陶瓷保护研究工作室、青铜保护研究工作室、纺织品保护研究工作室、文物保护分析实验室、清毒室和资料档案室。经过十余年的发展已成为从事文物修复和保护的专业机构，担负着馆藏和北京地区文物修复和保护技术工作。纺织品保护研究工作室现有6人，2005年承接北京市科学技术委员会科研课题《首都博物馆馆藏纺织品保护研究》。

    中心的宗旨是立足本馆开展各类文物的保护和研究，对外提供文物保护技术，适应文物保护工作的发展。

    图为首都博物馆文物保护修复中心纺织品保护研究工作室部分成员正在研究修复保护工作中的问题。

    左起：黄悦、刘树林（首都博物馆文物保护修复中心主任）、栾桂芝、王亚蓉（中国社会科学院考古研究所文化遗产保护研究中心）、傅萌、司志文、王武钰（首都博物馆副馆长）。

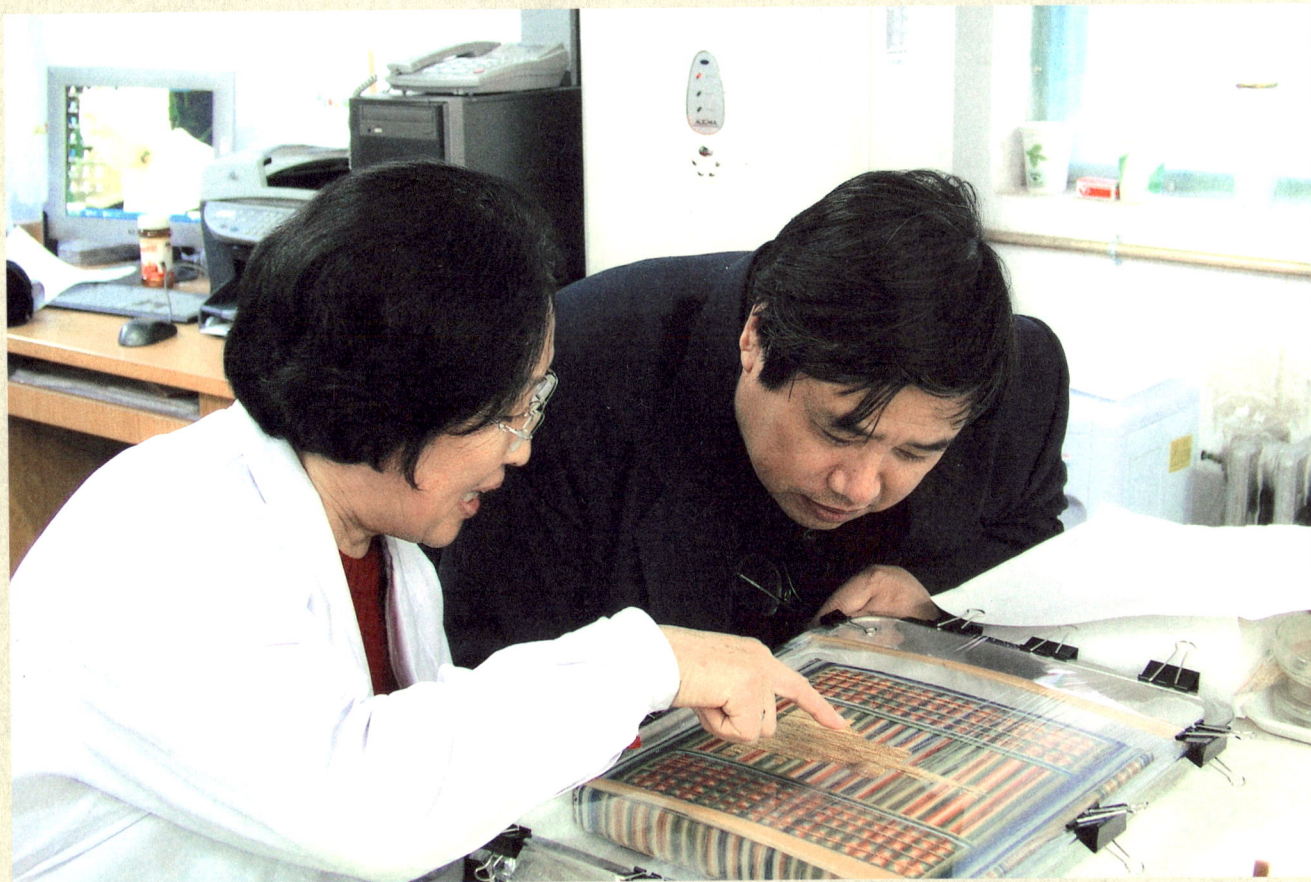

王亚蓉（左）与王武钰（右）正在研究工作

专 论

刺绣"香花供养"云龙纹包袱保护研究报告

张国英 /首都博物馆文物保护修复中心

一、历史背景

　　刺绣"香花供养"云龙纹包袱1955年出土于北京庆寿寺。庆寿寺俗称双塔寺或大庆寿寺，原坐落于北京西长安街上，现在的电报大楼西侧。该寺原为金朝庆寿宫，创建于金大定二十六年（公元1186年），元代改称大庆寿寺，经元、明、清历代修缮，明代修缮后改称大兴隆寺，又名慈恩寺，后来改为讲武堂、演象所，进入民国后，仅存双塔。双塔为安放高僧塔，一为海云和尚灵骨塔，高九级，题"佛日圆明海云大宗师之灵塔"，塔下有石龛，为海云和尚骨灰盒存放处；另一塔高为七级，是可庵和尚灵骨塔，题为"佛日圆照大禅师可庵之灵塔"。1955年长安街拓宽时，将双塔拆除，塔基内出土有海云僧帽、僧服、骨灰匣、小型木供桌和小神道石碑等，盝顶形骨灰函内有骨灰包袱。包袱最内层用净白丝绵扭裹骨灰，外用一块矩形缂丝织物包裹，最外为一个方形黄地绣袱，绣袱四角皆钉绣一个金字，分别为"香、花、供、养"，即为我们研究保护的刺绣"香花供养"云龙纹包袱，半个世纪以来这件文物一直藏于首都博物馆[1]。

　　海云禅师（公元1202~1257年）俗姓宋，法名印简，道号海云，山西岚谷宁远人。八岁出家为僧，十一岁受戒时已能开众讲义，金宣宗赐号海云为通玄广惠大师。金贞祐五年（公元1217年）元太祖成吉思汗派太师国王木华黎南征，宁远城陷，元朝统治者利用宗教安抚人心，海云和尚迭受元统治者最高礼遇。二十岁来燕京庆寿寺，主持该寺，赐予固安、新城、武清之地、房山栗园和煤坑以及燕京之房舍等财产，封为国师，统领全国佛教[2]。

二、文物现状分析

　　五十多年来，该文物藏于首都博物馆库房内，库房温湿度变化幅度大，灰尘也较多。从库房提出元代"香花供养"刺绣云龙纹包袱时，包袱被夹封在两块厚约5毫米的玻璃板之间，四周用医用橡皮膏封口，橡皮膏已脆化(图一)。拆封，取出包袱，其上有严重的污渍、血渍和灰白色的结晶物（图二），部分结晶物贯穿绣袱正背，织物整体干燥脆弱（图三），部分绣线脱落裂开，四角钉绣"香花供养"四字的片金基本完全脱落，仅余个别小点可辨识片金遗痕，

图一　包袱被夹在两块玻璃板中间

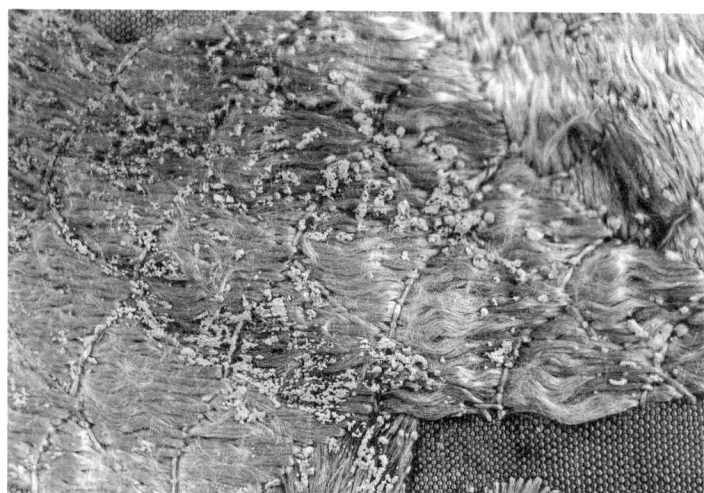

图二　包袱上的白色结晶物

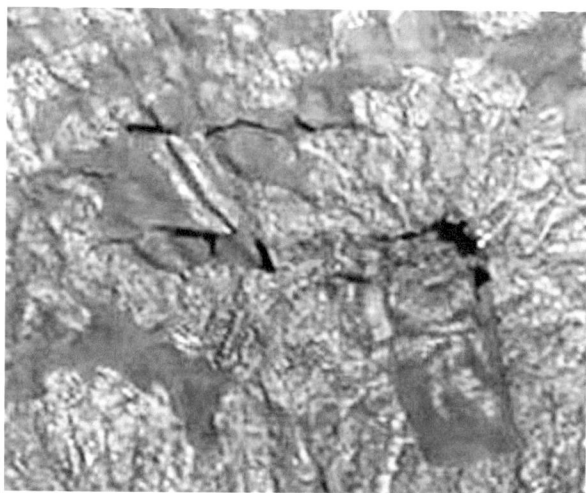

图三　绣面酥脆破损

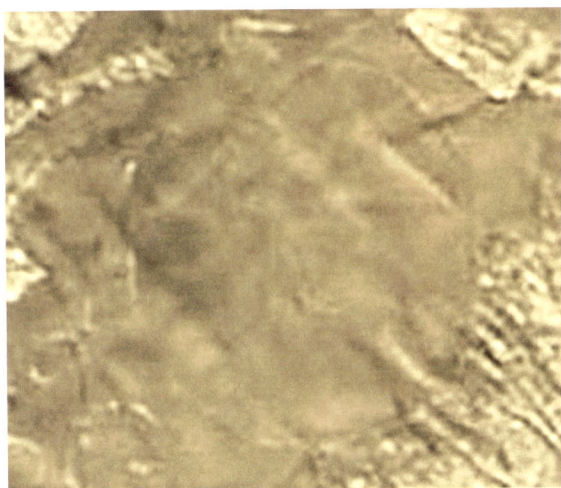

"香"

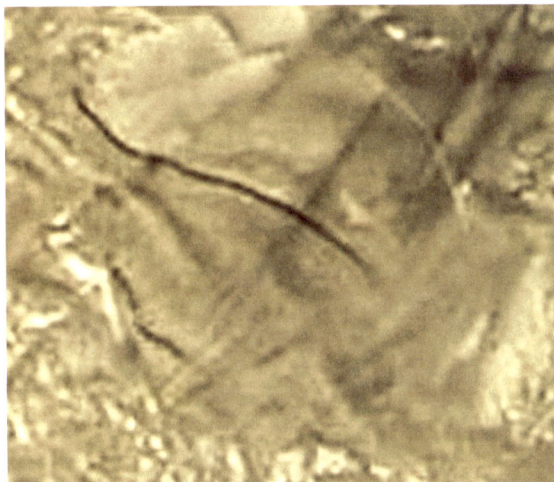

"花"

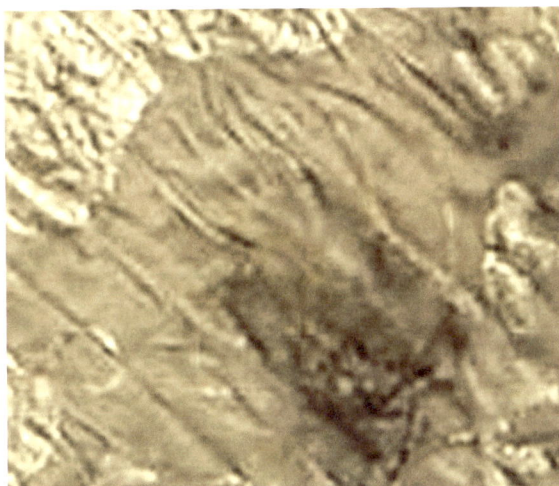

"供"

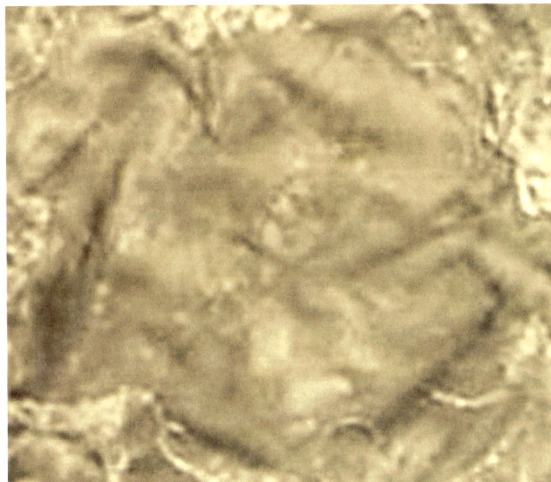

"养"

图四
"香花供养"四字

幸亏钉绣的全部线套保存完好，才使我们可以辨认出"香、花、供、养"四字（图四）；包袱残损严重，背面中间有18厘米×19厘米的破洞，包袱保留有使用过的褶皱痕迹，龙头部位叠压使龙头纹饰不完整（图五、六）。

在修复前，由于脏污严重，"香花供养"四字不易辨认。

从包袱背后破洞可清晰地看到包袱内部也遍布一粒粒白色结晶体，部分上下贯通粘在一起，织物脆弱。

包袱长63厘米，宽62厘米，里、面缝合针距1厘米；真丝绢绣面的织物密度为47×34根/厘米^2，经线投影宽0.20~0.30毫米，纬线投影宽0.15~0.20毫米，用料幅宽64厘米；真丝绢里料的织物密度37×22根/厘米^2，经线投影宽为0.20~0.30毫米，纬线投影宽为0.25~0.30毫米；绒绣线投影宽为0.30~0.40毫米；钉绣线投影宽为0.15~0.20毫米。

图五 修复前叠压的龙头线图

图六 龙头部位褶皱变形，两个龙角几乎看不出来

三、制订修复方案

（一）认真研究包袱的保存现状后，决定先将包袱整体回潮增加织物韧度。

（二）首先采用物理方法去除包袱表面的污渍和灰白色矿物沉淀，同时取一些结晶物的样品进行成分分析。

（三）因包袱的面和里内均布满白色的结晶物，因此需要将面和里拆开进行彻底清洁后再修复，但在拆分前需要将原件的缝合位置、缝合所用的线的种类、颜色以及针距和缝合方法进行详细的分析记录。

（四）根据成分分析的结果，选择适合的清洗方式。

（五）试用木瓜蛋白酶去除血渍。

（六）彻底清洁后研究元代的绣工艺特点和纹饰风格。

（七）补绣脱落的绣线，修补破洞，用丝网加固脆弱处，再依原工艺规格合成。

四、修复技术路线

（一）**揭开玻璃板**。将夹封刺绣"香花供养"云龙纹包袱的玻璃板揭开，取出包袱，见到由于玻璃板的长年重压，织物酥脆部分有多处掉下残渣，多处白色结晶体已压进织物内（图七、八）。

（二）**物理清洁**。由于包袱过分干燥，要先做回潮处理。首先将纯棉细布用热水反复搓洗，直到退净浆性，然后晾干理平，用蒸馏水喷潮后分别铺垫在包袱的下面和覆盖在包袱的上面夹持包袱，让水分慢慢均匀渗透到包袱的织物中，使织物回潮。回潮后织物强度增加，可以承受适当程度的外力。用手工磨制的竹制工具轻轻地剔除包袱表面的白色结晶物（图九）。部分与织物结合不甚紧密的结晶物可以剔除或者用镊子夹碎然后清除，用这些剔下来的结晶物作为样品做X射线衍射分析（XRD）（图一〇）。

X射线衍射分析的结果，白色结晶物的主要成分为方解石，其次为草酸钙。方解石的主要成分为碳酸钙。根据这个分析结果，按照化学原理，用冷的稀盐酸可以去除方解石，但是，稀盐酸的酸性很强，在去除结晶物的同时也会对织物造成损害，不宜使用，所以只能尽量采用上述的物理方法慢慢剔除，颇费时日。

（三）**化学清洁**。包袱出土后，色彩基本已褪尽，但是在用溶液浸泡以前，先对包袱进行冷水、热水以及要用到的溶液的脱色试验，以免对包袱现有的

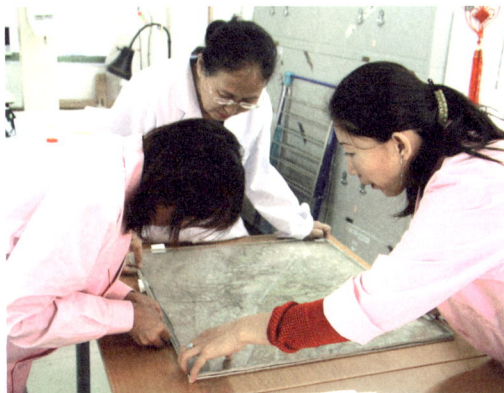

图七 打开粘着玻璃板的橡皮膏

图八 揭掉上层玻璃板

图九 织物回潮后，用镊子、竹签等工具清除结晶物

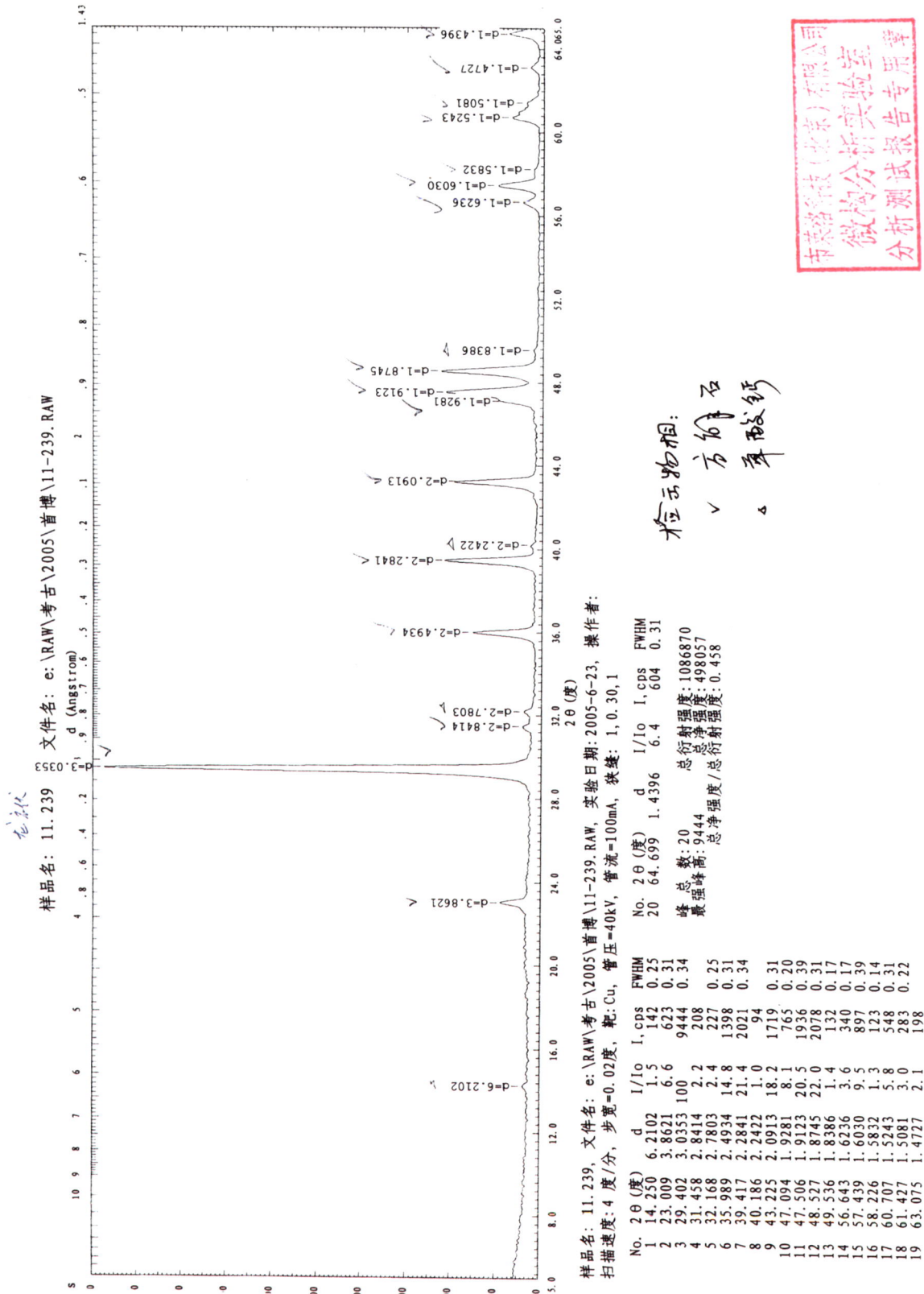

图一〇 白色结晶物XRD分析谱图

颜色造成影响，确定安全后，在自制的简易水池中将包袱整体先用水充分浸泡，然后换用4%木瓜蛋白酶水溶液在保持40℃恒温的情况下浸泡30分钟，用羊毛刷不停地轻拭表面的血渍，清洁效果明显，最后基本上看不到明显的血渍，可包袱的颜色整体很暗淡。由于该包袱在地下埋藏多年，受到周围土壤和地下水等的影响，其上的残留物应是多样的，除了表面的结晶物外，其余的污物已经渗透到纤维内部，不能取下样品做检测。因此我们在包袱的边角等不明显处用多种试剂反复试验，以选择效果最好的试剂，结果是草酸溶液最能使包袱色彩鲜亮清澈。因此最后选用2%的草酸溶液浸泡包袱整体约三分钟，然后排掉草酸溶液，用45℃蒸馏水多次浸泡，直到水的PH值为7。用草酸浸泡后的包袱色彩清澈，达到了预期的效果（图一一、一二）。化学清洗后，包袱的表面已没有可见的结晶物，但用手还可以触到许多小颗粒。将包袱里、面拆开，发现包袱里和面的背面仍遍附粒状结晶物，但已软化松动，用竹制工具和镊子即可剔除。拆开里和面后在湿润的状态下，可见里料上有两行墨书的文字，其中一行是"丁巳年二月廿三日记□□"（图一三），另一行是"□□□将来"（图一四）。元程文海《雪楼集》卷六海云和尚塔碑

图一一 在塑料布制成的简易水池中用清水浸泡包袱，将溶于水的污物去除

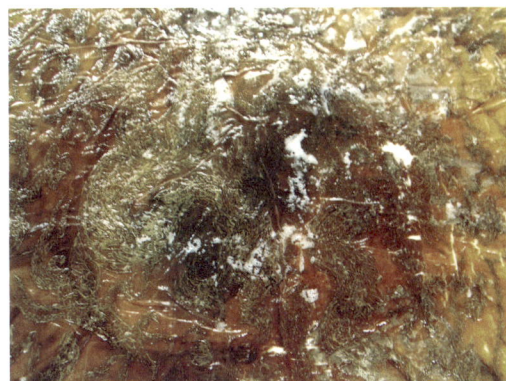

图一二 生物酶去血渍，用4%木瓜蛋白酶溶液浸泡包袱

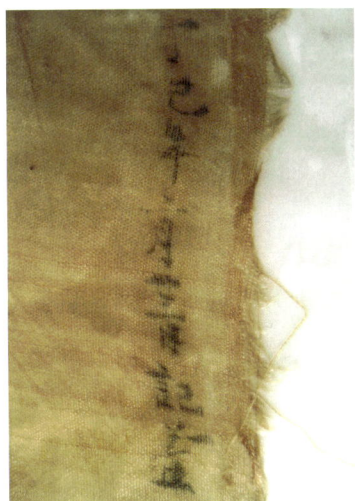

图一三 丁巳年二月廿三日记□□

图一四 □□□将来

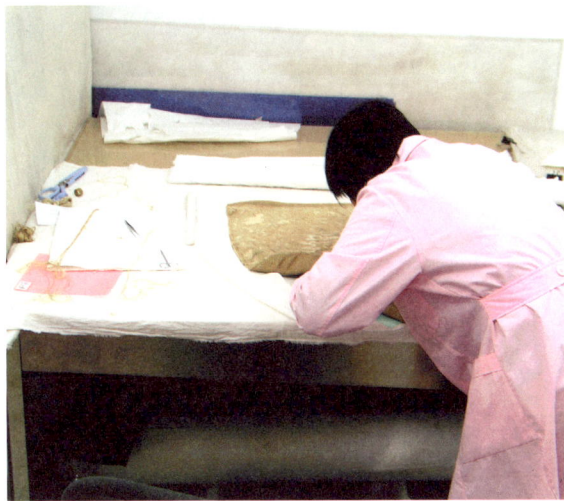

图一五 缝合里和面

记"……丁巳四月三日。趣画天风海涛飞云之状于华严西壁，诰朝而逝，年五十六……"包袱上记录的年代正是海云逝世的年份，但是这行字究竟为何而写，还有待历史家们继续考证。

（四）**加固**。包袱面和里的织物强度均较差，且里料有大面积破损，因此分别从里料、面料背面的破损和脆弱部位采用桑蚕单丝网进行加固。

（五）**补绣**。

（六）**复原**。将补绣好的面料和修复加固好的里料按照原工艺缝合，平整整形（图一五）。

五、纹样及刺绣工艺研究

包袱中间图案为八瓣莲纹可开光内团龙戏珠，团龙四周绣饰五彩云，莲

图一六　包袱修复后

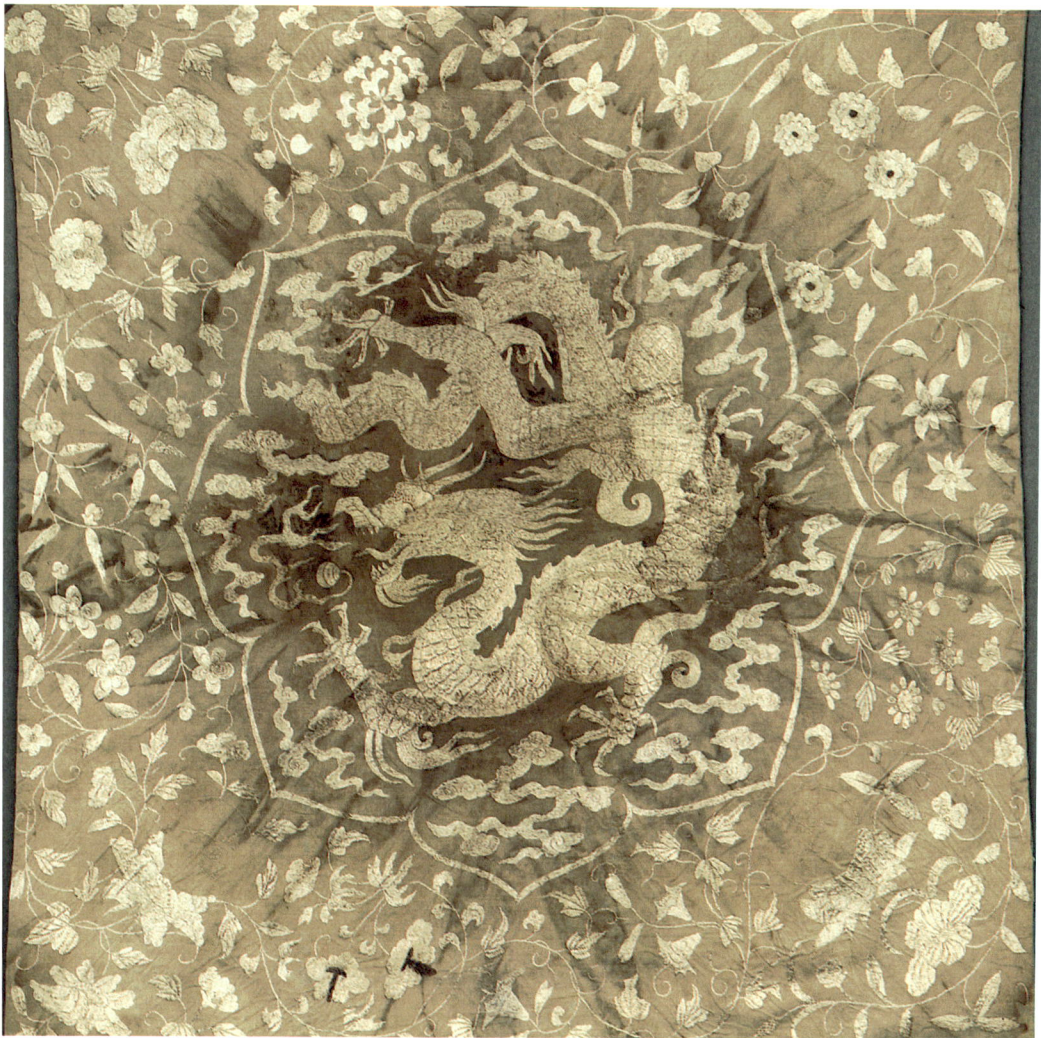

瓣形开光周围绣串枝四季花卉共十二种，有莲花、牡丹、芍药、野菊、梅花、萱草和喇叭花等等，每种花卉枝蔓弯绕挺括，错落相连。修复完成的包袱如图一六所示，纹样图见图一七所示。

元代出土纺织品文物众多，但龙纹却相对较少，瓷器上的龙纹则相对多一些。但是同一时代不同类别器物上的纹饰，包括龙纹均具有时代共通点。比较元代瓷器及服饰上龙的纹样，可以看出元代龙的特征为小头细颈，龙一般张口、吐舌，上颚较大，鬃发飘动，龙身鳞片呈鱼鳞状，龙背的鳍排列整齐，呈尖状，龙身稍粗，肘毛或腿毛有二、三、四绺不等，肘毛为宽而长的带状物，爪有甲，指甲尖利。龙尾细长，龙身均出有火焰纹。与龙共同出现的辅助纹饰常为云纹、海水纹、火珠纹、如意云头纹、莲瓣纹和花卉纹等。云与海水纹出现最多，表现龙行于天地之间，云游四方，着重表现龙矫健磅

图一七 修复后包袱纹样图

图一八
元青花云龙纹罐

礴、呼风唤雨的气势与威严。火珠多出现于双龙题材中，表现龙嬉戏争斗的另一面，多为双龙戏珠或双龙赶珠[3]。少数有单龙戏珠者，而这件包袱正是单龙戏珠；如意云头、莲瓣、花卉与龙纹组合的正方适合纹样更具有装饰性。这件包袱非常符合元代龙纹及其辅助纹饰的特征，为典型的元代装饰图案（图一八）[4]。

元代的服饰纹样多用到花卉鸟雀，花卉多为写生花，写实、自然，装饰性强，这个特点可以从历代出土及一些传世的元代服饰上看到。比如这件刺绣四季花卉云龙纹包袱和美国纽约大都会博物馆藏的一件鸾凤穿花纹绣的风格就很相似，都在龙和凤的周围绣上枝蔓卷曲的写生四季花卉（图一九）[5]。另有内蒙古集宁路元代故城[6]出土的绣花夹半臂刺绣纹样也是各种花卉，

图一九 美国纽约大都会博物馆藏鸾凤穿花纹绣片

图二〇　内蒙古集宁路元代故城出土的绣花夹半臂

图二一　内蒙古集宁路元代故城出土的绣花夹半臂局部放大之一

图二二　局部放大之二

图二三　局部放大之三

图二四　局部放大之四

图二五　局部放大之五

图二六　局部放大之六

图二七　局部放大之七

图二八　局部放大之八

图二九　局部放大之九

自然天成，绣有坐于池旁柳下看鸳鸯戏水的女子，坐于枫林中的男子，扬鞭骑驴的女子，以及莲荷、灵芝、菊、芦草、鹤、凤、兔、鹿、鲤、龟和鹭鸶等，其余衣身绣散点折枝花（图二〇~二九）[7]。山东邹县李裕安墓[8]出土的一件香黄色梅雀方补菱纹暗花绸夹半臂，方补内织写实的梅树、石榴树、雀鸟

图三〇 山东邹县李裕安墓出土香黄色梅雀方补菱纹暗花绸夹半臂背部线图

图三一 山东邹县李裕安墓出土香黄色梅雀方补菱纹暗花绸夹半臂方补纹样图

图三二 苏州张士诚母曹氏墓出土的绸裙局部

图三三 河北隆化鸽子洞元代窖藏白绫地彩绣鸟兽蝴蝶牡丹枕顶

图三四 河北隆化鸽子洞元代窖藏白绫彩绣花蝶镜衣

图三五
台北故宫博物院藏元代缂丝《百花攒龙》图册页

和萱草等（图三〇、三一）[9]。苏州张士诚母曹氏墓[10]出土的绸裙的图案为凤穿牡丹（图三二）[11]。河北隆化鸽子洞元代窖藏[12]白绫地彩绣鸟兽蝴蝶牡丹枕顶和白绫地彩绣花蝶镜衣等的图案均有花卉鸟雀等（图三三、三四）[13]。台北故宫博物院藏元代缂丝《百花撵龙》图册页中绣有菊花、牡丹、山茶、栀子和百合等写实花卉（图三五）[14]。这些纹样都具有写实的装饰风格，而且很柔美。

这些元代的刺绣中所应用的刺绣工艺也类似，都有采用平绣、接针、打籽、刻鳞针、滚针、撒针、戗针、网绣和钉金等刺绣工艺。内蒙古集宁路元代故城出土的绣花夹半臂就采用了平绣、戗针、刻鳞针、打籽和锁绣等刺绣工艺。美国纽约大都会博物馆藏鸾凤穿花纹绣采用了平针、戗针和钉金等工艺。河北隆化鸽子洞元代窖藏白绫地彩绣鸟兽蝴蝶牡丹枕顶和白绫地彩绣花蝶镜衣、白绫绣花尖翘头女鞋和茶绿绢绣花尖翘头女鞋等采用了套针、滚针、打籽、锁绣和平针等多种绣法（图三六、三七）[15]。

这件刺绣"香花供养"云龙纹包袱应用的是平绣、接针、打籽、刻鳞针、眉睫针、撒针、戗针、网绣和钉金等刺绣工艺；四角用片金钉绣"香花供养"四个汉字。

（一）大部分叶片、花卉和祥云均采用平针绣作（图三八、三九）。

平针是刺绣的基础针法，又依不同的运针方式细称为齐针、直针和出边。平绣的特点是线纹起落针都沿纹饰边缘或在刻意的分区之内，要求针脚排列整齐均匀，不露

图三六　河北隆化鸽子洞元代窖藏白绫绣花尖翘头女鞋

图三七　河北隆化鸽子洞元代窖藏茶绿绢绣花尖翘头女鞋

图三八　花卉和叶片都是用平针刺绣而成

图三九　祥云都用平针刺绣完成

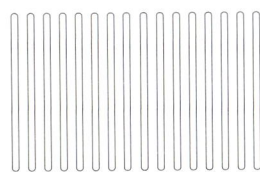

图四〇　直平针　　　图四一　横平针　　　图四二　斜平针　　　图四三　人字针

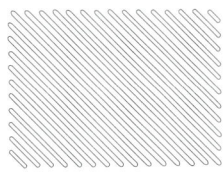

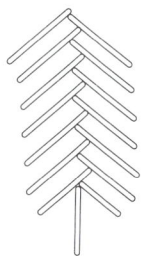

图四四 图中的枝蔓用接针法刺绣完成

图四五 接针

图四六 这朵喇叭花的花蕊用打籽法刺绣完成

图四七 这朵菊花的花蕊用打籽法刺绣而成

地，不重叠，一般用来绣小花和小叶等图案。刺绣大面积纹饰时，也多先用平针打底后加绣其他针法，绣品既美观又浑厚，且能压抛过长针脚。观察此包袱平绣针迹处理多种多样，将叶叶花花处理得丰富多彩。运针形式有直平针、横平针、斜平针和人字针等。

直平针（图四○）[16]：直平针是依纹饰竖直方向运针。

横平针（图四一）[17]：横平针是依纹饰横断方向运针。

斜平针（图四二）[18]：斜平针是依纹饰需要或左或右斜向运针，斜度一般为45°。

人字针（图四三）[19]：人字针左右斜向呈人字连续运针，多用来刺绣植物枝叶或禽鸟羽毛。

（二）有些枝蔓用接针法绣作而成（图四四）。

接针又叫牵针或劈针。它的运针方法是后一针从反面退后刺上，刺破前一平针的线尾，将丝缕中分，如此往复刺绣，表面效果酷似锁绣，但纹线不是由圈套组成，是锁绣针法的取巧形式（刺绣术语将这种取巧形式俗称"偷针"）。接针除单独使用外，自战国以来就和锁绣并用，刻划细线纹（图四五）[20]。

（三）该包袱中的喇叭花和菊花等的花蕊用打籽来表现（图四六、四七）。

打籽即打子，又称结子或环绣，有的地方也叫打疙瘩。这种针法简单易做且实用性强，绣纹立体感强又极富光彩。这种刺绣方法是在绣地上用线挽扣，结出一粒粒环

图四八 单打籽

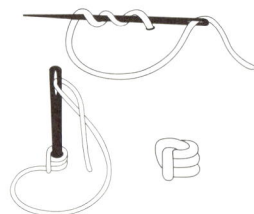
图四九 打籽变化针法

状小结子，故得名"打子"，也是最古老的针法之一。粒颗结构变化多样，宜大宜小，组织方便灵活，在刺绣技法中非常重要。见于出土文物较早的结子工艺是蒙古诺因乌拉东汉墓出土绣件，更早的工艺表现则见于山东临淄春秋战国墓出土编履上的装饰结子。在民间多用来刺绣花蕊，

图五〇 表现龙鳞的时候采用刻鳞针中的扎鳞法

 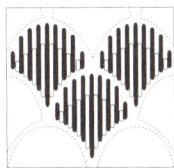 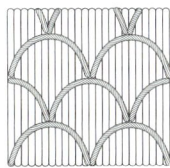

图五一 抢鳞　　　　　图五二 叠鳞　　　　　图五三 扎鳞

也独立刺绣花卉、动物、人物和图案等。尤其是一些日用绣品或在绣品易磨损部位，使用更为普遍，如：荷包、裆裤、坐垫以及小孩子鞋包头等。在这件包袱上用打籽绣来表现花蕊使花卉显得非常生动。打籽绣针法变化形式多至十几种（图四八[21]、四九[22]）。

（四）在龙鳞的表现上采用了刻鳞针（图五〇）。

刻鳞针是处理鱼龙鳞片形象的手法，通常有三种表现方法：叠鳞、抢鳞和扎鳞。抢鳞是在绣料上直接一片片用抢针法加绣，不需打底，鳞片间留水路（图五一）[23]。叠鳞是采用长直针和短直针套绣的，绣成的鳞片里面深，边缘浅（图五二）[24]。扎鳞是先用直针铺地，再用缏针界出鳞片的形状。这件包袱的龙鳞使用的就是扎鳞法，这在已知的出土绣品中也是较早的实例（图五三）[25]。

（五）龙的睫毛采用了眉睫针（图五四）。

眉睫针是专绣眉毛和睫毛用的针法，俗称"扒眼睫毛"。简单易做，直至今日，民间刺绣中仍广为应用（图五五）[26]。

（六）有的花蕊是用撒针绣的（图五六）。

撒针的刺绣效果，是针脚分布有如一把撒出，针脚按放射状四面运针，或蓬松的内聚外散地漫射式运针，表

图五四 龙的睫毛用眉睫针刺绣而成，生动逼真

图五五 眉睫针的两种绣法

图五六 这朵花的花蕊用撒针法刺绣而成

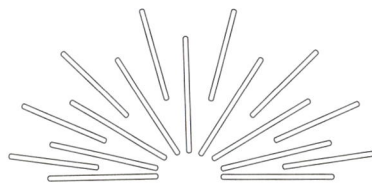

图五七 撒针

图五八 这朵花的花瓣用抢针法刺绣而成

图五九 抢针

图六〇 图片左下方的菖蒲是用网绣的方法刺绣完成的

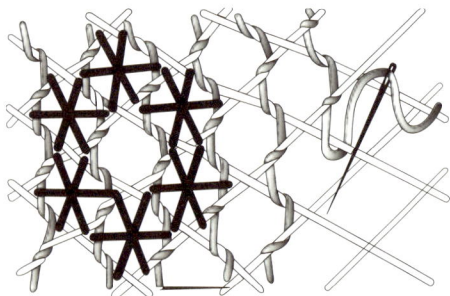

图六一 网绣

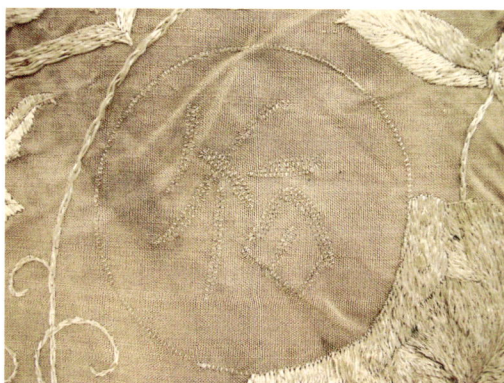

图六二 "香"字残余的钉片金的线套

现蓬松毛羽或枝叶的地方多采用这种工艺处理，花卉外缘又不圈边，使所绣花卉有极强的写实感（图五七）[27]。

（七）一些花瓣的绣作采用了抢针法（图五八）。

抢针又叫戗针，是用短直针脚按纹饰形状分层刺绣的方法（有的地方管"一层"叫"一皮"）。通常有两种绣法，从纹饰外缘向内顺序分层绣叫"正抢针"；从内向外层层绣出叫"反抢针"。反抢每层还多加一根扣线在内，使层层绣纹整齐。绣线颜色往往是依照纹样的设计，采用由浅到深或由深到浅的色晕效果。采用这种针法的绣品较为结实，纹饰装饰性强。绣做时，如遇到花瓣等纹样结构相叠压时，多在花瓣交接处留一线空白地不绣，刺绣术语叫做留"水路"。只可惜此包袱色彩多已褪尽，看不到其丰富的色晕效果，不过从绣工艺处理上仍能感觉到包袱原来色彩之丰富（图五九）[28]。

（八）有一处用了网绣（图六〇）。

网绣亦称花针绣、纹针绣，苗族叫"扳花"。选用纱罗组织有规矩网眼的质料为地子来回编穿缠绕作绣，或在其他紧密质地底子上，先缝钉骨架成直行或各种不同斜线组成格状，再用各针法来回穿编加绣纹样。另外不同网绣纹饰之间，或网绣与其他绣法纹样相配组成图案时，在局部网绣纹外围都要用滚针或钉金银线等法圈

图六三 补绣过程

图六四 从背面看补绣的针迹

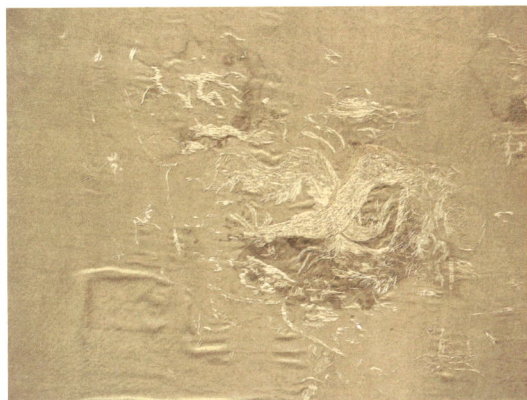

图六五 从背面可见诸多补绣的针迹

边勾界。网绣可独立使用，也常与别种绣法纹饰相配组成精美图案。这种针法在网眼料上绣出纹饰的有如镂空雕饰，在紧密料地上作绣又似外罩一道轻薄花幔，很为人们欢迎。在这件包袱上，用简单的网绣来表现菖蒲的形态（图六一）[29]。

（九）"香花供养"四个字本是用片金钉绣而成。片金已基本完全脱落，幸余有钉线套，使我们可以辨认出文字的结构（图六二）。

将刺绣纹样及针法研究清楚后，就着手补绣绣线脱落的部分。原织物非常糟朽，挂不住针脚，因此补绣时在绣面下面垫一层同色的真丝绢做托衬；即使经过托衬，包袱整体质地还不可能上花绷子进行补绣，只能放在工作台面上，用手托着慢慢小心施绣（图六三）。补绣完成后从背面可以看到补绣的针迹（图六四、六五）。

六、结 语

在刺绣"香花供养"云龙纹包袱的修复保护研究过程中，清理包袱上的碳酸钙结晶物和补绣纹样是重点和技术难点。

由于包袱从元初到20世纪50年代一直埋藏在地下，受到地下水和土壤的长时间浸泡，土壤中的钙离子和溶入水中的二氧化碳形成碳酸钙结晶附着在织物上面，与包袱同时出土的僧帽也有同样的问题。要去除这些碳酸钙结晶从化学上来说其实很容易，只要用冷的稀盐酸就可以溶解，但是由于这些碳酸钙结晶是附着在丝织品上，我们不能采用盐酸这样的强酸。因此选择用水长时间浸泡，再用适当的物理方法轻轻剔除,这个过程是长时间的，因此需要随时观察记录各种状况,注意掌握剔除力度。

考虑博物馆展陈的效果，缺损的绣纹要补绣，但包袱质地脆弱，如果直接补绣，穿针引线的时候会损坏织物，绣线也无法附在织物上，因此，较大面积地用桑蚕单丝网加固结合薄电力纺托衬后，再进行补绣，这样既保护了绣面，又补上了纹饰，取得了一举两得的效果。

通过这些修复和保护，既使这件文物的观赏价值有很大的提升，又用丝网托衬增加了文物的强度，尽可能地延长其保存时间。以后，我们还拟参考沅陵元墓出土和辽宁省博物馆藏的一些元代纺织品的色彩进行实验考古学研究，恢复这件包袱的历史面貌。

注 释

(1) 参考苏天钧：《燕京双塔庆寿寺与海云和尚》，《北京考古集成》第6册第553页，北京出版社2000年3月出版。

(2) 参考苏天钧：《燕京双塔庆寿寺与海云和尚》，《北京考古集成》第6册第553页，北京出版社2000年3月出版。

(3) 冯小琦：《元代瓷器上的龙纹装饰》，《艺术市场》2004年第05期。

(4) 中国文物信息咨询中心编，耿宝昌主编：《中国古代陶瓷艺术·元明清釉下彩》第19页，人民美术出版社2005年11月第1版。

(5) 黄能馥、陈娟娟：《中国丝绸科技艺术七千年》第217页图版7-191，中国纺织出版社2002年12月出版。

(6) 潘行荣：《元集宁路古城出土的窖藏丝织物及其他》，《文物》1979年第8期第32页，文物出版社。

(7) 黄能馥、陈娟娟：《中国丝绸科技艺术七千年》第218-219页图版7-192，中国纺织出版社2002年12月出版。

(8) 山东邹县文物保管所：《邹县元代李裕庵墓清理简报》，《文物》1978年第4期第14页，文物出版社。

(9) 黄能馥、陈娟娟：《中国丝绸科技艺术七千年》第208页图版7-173、7-174，中国纺织出版社2002年12月出版。

(10) 苏州博物馆：《苏州张士诚母曹氏墓清理简报》，《考古》1965年第6期第289页，科学出版社。

(11) 黄能馥、陈娟娟：《中国丝绸科技艺术七千年》第206页图版7-169，中国纺织出版社2002年12月出版。

(12) 隆化县博物馆：《河北隆化鸽子洞元代窖藏》，《文物》2004年第5期第4页，文物出版社。

(13) 隆化县博物馆：《河北隆化鸽子洞元代窖藏》，《文物》2004年第5期第9页图一二、图一三，文物出版社。

(14) 黄能馥、陈娟娟：《中国丝绸科技艺术七千年》第215页图版7-185，中国纺织出版社2002年12月出版。

(15) 隆化县博物馆：《河北隆化鸽子洞元代窖藏》，《文物》2004年第5期第10页图一四、图一五，文物出版社。

(16) Wang Yarong,Chinese Folk Embroidery,p132plat2，THE COMMERCIAL PRESS,LTD.(HK Branch).

(17) Wang Yarong,Chinese Folk Embroidery,p132plat 3，THE COMMERCIAL PRESS,LTD.(HK Branch).

(18) Wang Yarong,Chinese Folk Embroidery,p132plat 4，THE COMMERCIAL PRESS,LTD.(HK Branch).

(19) Wang Yarong,Chinese Folk Embroidery,p132plat 5，THE COMMERCIAL PRESS,LTD.(HK Branch).

(20) Wang Yarong,Chinese Folk Embroidery,p141plat 52，THE COMMERCIAL PRESS,LTD.(HK Branch).

(21) Wang Yarong,Chinese Folk Embroidery,p141plat 53，THE COMMERCIAL PRESS,LTD.(HK Branch).

(22) Wang Yarong,Chinese Folk Embroidery,p142plat 56，THE COMMERCIAL PRESS,LTD.(HK Branch).

(23) Wang Yarong,Chinese Folk Embroidery,p137plat 26，THE COMMERCIAL PRESS,LTD.(HK Branch).

(24) Wang Yarong,Chinese Folk Embroidery,p137plat 25，THE COMMERCIAL PRESS,LTD.(HK Branch).

(25) Wang Yarong,Chinese Folk Embroidery,p137plat 27，THE COMMERCIAL PRESS,LTD.(HK Branch).

(26) Wang Yarong,Chinese Folk Embroidery,p136plat 23、24，THE COMMERCIAL ,(HK Branch)PRESS,LTD.(HK Branch).

(27) Wang Yarong,Chinese Folk Embroidery,p134plat 11，THE COMMERCIAL，(HK Branch)PRESS,LTD.(HK Branch).

(28) Wang Yarong,Chinese Folk Embroidery,p133plat 8，THE COMMERCIAL PRESS,LTD.(HK Branch).

(29) Wang Yarong,Chinese Folk Embroidery,p143plat 61，THE COMMERCIAL PRESS,LTD.(HK Branch)

火焰纹堆补绣僧帽保护研究报告

傅 萌 /首都博物馆文物保护修复中心

一、历史背景

火焰纹堆补绣僧帽出土于北京庆寿寺。庆寿寺建于金大定二十六年(公元1186年)，原为金朝庆寿宫，元代改称大庆寿寺。寺内建有双塔，分别埋葬了蒙古国海云禅师及其弟子可庵和尚的骨灰。

1955年4月，为展宽西长安街马路而拆除庆寿寺及寺内双塔，清理塔基时发现装盛海云骨灰的盝顶木匣及刺绣"香花供养"云龙纹包袱、火焰纹堆补绣僧帽、缂丝紫汤鹅戏莲残片、织花丝绸残片和织金绉丝等纺织品文物。据发掘者报道："在海云和尚塔基下发现石函，内有葬海云骨灰的木匣，匣正方形，盖覆斗形，上贴着织金绉丝。骨灰用丝绵包裹，外加黄地绣花绸袱，四角皆有金印'香花供养'四字。中绣黄龙，四周绣串枝花……骨灰包上放有平金绸质僧帽一顶。"（请参看苏天钧《燕京双塔庆寿寺与海云和尚》，《北京考古集成》第6册第553页，北京出版社2000年3月出版）。

僧帽出土后被定为国家一级文物，收藏于首都博物馆一级品库近五十年。由于当时库房系孔庙崇圣祠改建，库房内温湿度随外部环境变化而变化，尘、霉不断出现，无法有效控制。2000年9月此库房连同文物曾做过溴甲烷防虫处理。

二、修复方案

僧帽面世时质量即很差，受条件限制未做过任何保护处理，只安全存放于简陋库房中，这中间僧帽也时被展览、观摩和拍照，过程中避免不了又一次次受到物理损伤。

图一 僧帽修复前之一　　　　　　　　　　　　　　　　　　图二 僧帽修复前之二

图三　正面长年折叠，接触面已粘连

图四　沉淀物渗透织物

图五　织物表面满布沉淀物

图六　类似水碱的沉淀物

图七　右侧破损严重

图八　左侧护耳

图九　左侧护耳绲边腐朽断开

图一〇　严重的折痕

图一一 表面有板结的丝绵

图一二 护耳满布沉淀物

图一三 酥脆的沉淀物

图一四 坚硬的沉淀物

图一五 背面长年叠放，折痕严重并有破损

图一六 护耳内侧满布沉淀物，破损严重

图一七 护耳局部之一

图一八 护耳局部之二

图一九 帽系局部之一
图二〇 帽系局部之二

　　这次得到北京市科委支持对其研究保护立项后，我们从库房提出僧帽，出库时僧帽仍保持原样折叠放置在囊匣中，上面加护玻璃罩盖，匣内放有樟脑。陈年积尘，污染严重。僧帽出土时即通体附着白色沉淀物。沉淀物有的质地较酥脆，大面积覆盖于织物表面；有的质地坚硬，已呈半透明胶状，将织物或绣线紧密包裹着。这类沉淀物在显微镜下呈结晶状。织物表面干燥酥脆，手触感觉织物强度弱。僧帽残损严重，尤其在折叠处和沉淀物密布处，多是内外织物均有破损。僧帽主体四边接缝处有开线，缝线多处崩开、断裂和缺失。右边帽系脱落。正、背面由于常年折叠存放而折痕严重（图一～图二〇）。僧帽的确到了必须进行抢救性研究保护的程度。在馆领导的直接参与下，我们认真制定了修复方案，开始了研究保护工作。

　　我们首先取僧帽残片，用扫描电镜观察并拍摄不同倍数图片，检测其受损程度（图二一～图三〇）。

图二一 放大100倍的丝纤维

图二二 放大300倍的丝纤维

图二三 放大500倍的丝纤维

图二四 放大1000倍的丝纤维

图二五 放大2000倍的丝纤维

图二六 放大2000倍的丝纤维

图二七 放大50倍的沉淀物

图二八 放大100倍的沉淀物

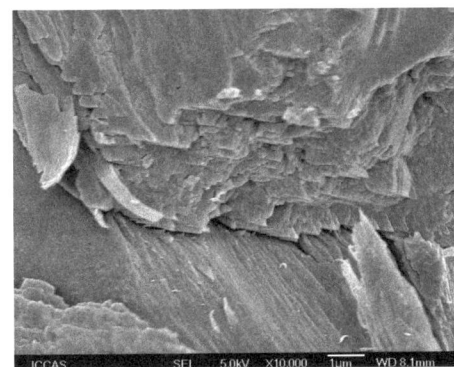
图二九 放大10000倍的沉淀物

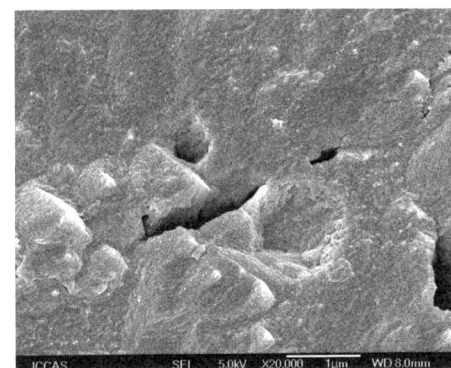
图三〇 放大20000倍的沉淀物

我们提取僧帽上部分白色沉淀物送至北京大学微构分析实验室进行检测，检测结果为方解石与长石（附表一）。

长石属于含钾、钠和钙的架状结构硅酸盐矿物，成分包括$KAlSi_3O_8$、$NaAlSi_3O_8$和$CaAl_2Si_3O_8$。晶体属单斜或三斜晶系，晶体形态为厚板状或短柱状，集合体为粒状或块状。不同品种颜色不一样，有无色、乳白色、肉红色、灰色、天蓝色、绿色和金黄色等，透明至半透明，玻璃光泽。摩氏硬度6～6.5，比重2.56～2.76，具有完全解理的特性。

方解石是碳酸盐矿物，化学成分为$CaCO_3$。晶体属三方晶系，常为复三方偏三角面体或菱面体与六面体的聚形，集合体多呈粒状、块状、钟乳状及纤维状等。通常为无色和乳白色，若含杂质则呈显各种颜色，有时具晕色，玻璃光泽。摩氏硬度3，比重2.6～2.9，三组完全菱面体解理，性脆。遇冷稀盐酸剧烈起泡，放出CO_2。方解石是分布最广的矿物之一，是组成石灰岩和大理岩的主要成分。

长石与方解石是僧帽的沉淀物的主要成分，它们是很坚硬的矿物质，而且与丝织品结合紧密。目前去除方解石的方法是使用稀盐酸，但会对丝织品造成较大伤害，这是不能采取的方法。为避免织物受损，只得决定首先采用物理方法去除表面污渍。

三、修复过程

（一）回潮

由于僧帽织物已近干燥酥脆，在这种情况下纺织品强度极弱，不能直接进行修复工作，我们做了简易回潮箱，即将丝网框四边垫高悬托置于不锈钢水池内，僧帽平放在丝网框上，水池中注入100℃蒸馏水，再将池口封盖，利用水蒸汽将僧帽缓慢回潮，恢复一些织物韧性（图三一、图三二）。此过程约用两天时间，其间需要反复检查僧帽内外潮湿程度，避免局部过于干燥或潮湿，并不断更换热水。

（二）物理清洁

待僧帽回潮之后，我们开始对沉淀物进行剥离。对待质地酥脆、覆盖在僧帽表面的沉淀物，选用自制薄竹刀慢慢剥取（图三三、图三四）。

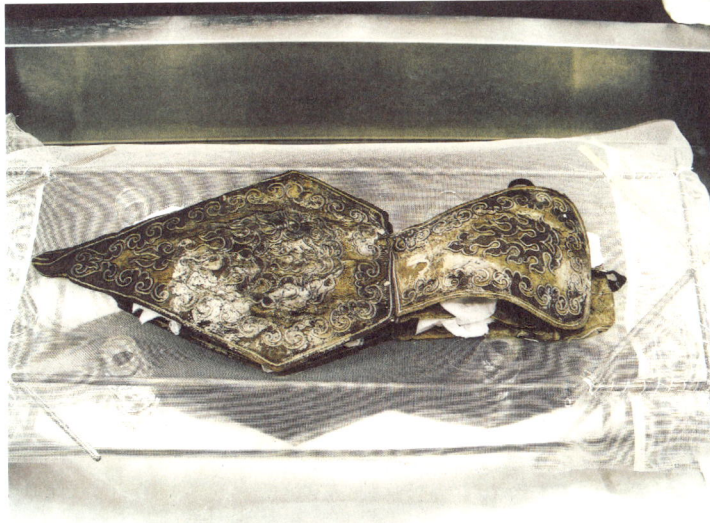

图三一 僧帽内垫真丝，等待回潮

图三二 简易回潮箱

图三三 手工剥离沉淀物后——左侧

图三四 手工剥离沉淀物后——右侧

图三五 物理清洁后的僧帽局部之一

图三六 物理清洁后的僧帽局部之二

图三七 物理清洁后的僧帽局部之三

图三八 物理清洁后的僧帽局部之四

而较为坚固的结晶，选用超声波清洗仪进行预处理，使其沉淀物与织物结合部分变得不甚紧密。

超声波是频率高于人们的听觉上限(20千赫兹)不能再激起听觉的声波，由超声波发生器发出的高频振荡信号，通过换能器转换成高频机械振荡而传播到作为介质的清洗液中，超声波在清洗液中疏密相间的向前辐射，使液体流动而产生数以万计的直径为50～500微米的微小气泡。这些气泡在超声波纵向传播的负压区形成并生长，在正压区迅速闭合。在这种被称之为"空化"效应的过程中，气泡闭合形成几百度的高温和瞬间高压，连续不断地冲击物体表面，使物体表面及缝隙中的污垢被迅速乳化、分散和剥落，从而达到清洗净化物体表面的目的。由于超声波的作用发生在整个液体内部，所以被清洗物与液体的接触面都能被清洗干净。故宫博物院文保科技部实验室曾用超声牙刷清洗过清代纺织品文物，东华大学纺织学院也曾用超声波清洗器清洗元代丝织品残片，效果良好。

在将超声波作用于文物之前，首先进行了超声波对纺织品标本作用后对纺织品强度影响力的测试。我们选用了多种样品做各种质地纺织品的超声波处理安全度对比试验，并将试验样品送至北京大学做拉力测试（附表二）。检测证明超声对织物损伤极微小。另外还选用了僧帽脱落的残片做同样试验，残片未见可视伤害。经过多方面综合考虑，最后认为选用40℃水温，28千赫兹作用僧帽20分钟是安全的。

在将僧帽放入超声波清洗池前，我们又用棉签蘸50℃纯净水给僧帽的里、面、绣线等部位做水溶脱色试验，认真观察，未见可视脱色现象。

我们选用的超声设备是昆山市超声仪器有限公司生产的KQ-AS1000VDE型超声波清洗池，先将40000毫升纯净水注入清洗槽，加热至40℃，将僧帽放入水中浸没，将机器调至28千赫兹作用20分钟，水面逐渐浑浊发黄，上面明显有粉末状杂质漂浮。织物表面去除部分顽固污渍，但还有一些残留物与织物结合较紧密，待僧帽干后又进行了一遍剥除。还有部分沉积物与织物结合特别牢固，这样的结晶状物质暂时保留，不强行去除，以免伤害文物（图三五～图三八）。

在僧帽修复过程中，从帽内落下许多黑色片状渣滓（图三九、图四〇），渣滓表面可以观察到纤维的平纹纺织痕迹，上有胶状物，疑为内衬上浆。我们取渣滓标本送至北京大学做化验分析，取得分析谱图（附表三～附表八）。从分析谱图上可以得出结论：纤维为棉布纤维，胶状物是黄芪的残留物。

（三）加 固

僧帽表面的破损处（图四一、图四二）选用桑蚕单丝网进行表面加固，用

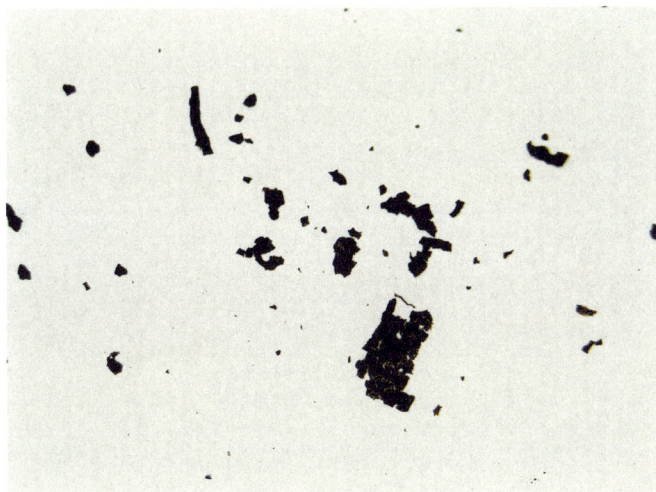

图三九 僧帽内残渣

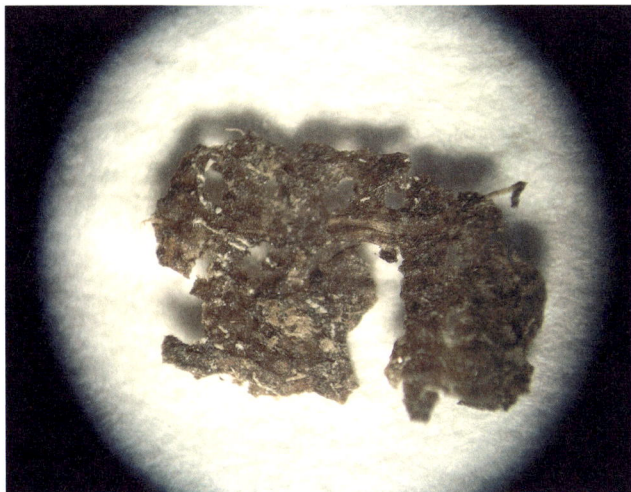

图四〇 显微镜下僧帽内的残渣

同色绢衬在里面，绢与文物之间用单丝网双面粘贴，使里外同时加固，增强了织物的强度（图四三、图四四）。帽脊接缝处残破严重（图四五～图四八），由于原来缝线已腐烂糟朽，无法缝合，选择在僧帽里部加衬一层桑蚕真丝绞经纱，用星点缝沿僧帽绳边上钉缝的正反强捻合线，将丝网加缝在织物强度较好处，这样既使缝线隐藏起来，又加固了僧帽接缝。接缝表面用桑蚕单丝网粘贴防护（图四九、图五〇）。

（四）平面整形

僧帽出土时就折叠放置在骨灰匣上，在库房中也一直保持着折叠状态，因此折痕严重且伴随破损。另外由于多年温度、湿度的起伏变化，使织物自身收缩、膨胀也产生了褶皱（图五一～图五四）。

折痕的处理是在僧帽回潮至织物含水手触微潮状态之时进行的。将僧帽整形面向上平放在滤纸上，置于铁皮桌面，用自制随形硬纸板垫放帽内，帽外用微型熨斗隔聚四氟乙烯膜手持熨烫。较顽固的折痕处理好后，再将滤纸铺在僧帽上，用手轻压展平，将滤纸抻平，边缘用磁条压紧，防止织物自然干燥过程中返回褶皱状态，控制干燥（图五五）。

（五）支撑

僧帽自出土后，因脆弱粘连不可撑开，任何人都没有见过僧帽的立体形象。半个世纪在库房内折叠平放，帽体扁平，整体织物较糟朽柔软，已失去自身支撑能力。为实现其使用功能、展览功能和艺术价值，我们决定在加固修复后将僧帽支撑起来立体展示。对此问题我们研究并模拟实验了多种方法，如填充脱脂棉、挑选适当头形帽架模具支撑或在僧帽内部做僧帽形状的气囊，填充气体后由弱至强将僧帽慢慢撑起等等，但有些设想不易操作，有些办法对脆弱僧帽很难实施，或因影响外观、操作不便、易生虫害等原因统统放弃，最后研究决定整体采用类似雨伞骨架的活动支架支撑。此设想我们聘请风筝制作专业人士协助完成（图五六）。

活动支架选用三年生毛竹制作，骨架用一根竹棍为中轴，在中轴顶端向四方横搭计算适宜的十字短横梁，横梁端头榫卯式装配四条竹梁脊，竹梁脊上下长度、角度与帽体相合，作为主支撑框架，在竹梁脊折角处装配可上下活动的四根横杆，横杆末端向下弯曲做插榫，中轴柱上安装四个小竹筒以便承插榫。当竹榫在竹筒之外时，整个竹架可以收拢一起，竹架收拢后可轻轻放入帽体，在帽内慢慢撑起横杆，将竹榫插入相应位置的竹筒内，将整个框架固定起来，竹架设计时注意到和僧帽一样具有同样

图四一 破损之一

图四二 破损之二

图四三 破损修复后之一

图四四 破损修复后之二

图四五 开线之一

图四六 开线之二

图四七 开线之三

图四八 开线之四

图四九 开线修复后之一

图五〇 开线修复后之二

方向性（图五七~图六〇）。

　　撑起的僧帽与竹骨架之间隔有一层真丝绢衬，即用真丝绢做出僧帽形状，其尺寸略微小于僧帽，罩在竹骨支架与僧帽之间（图六一）。竹骨活动支架可以做到收放自如，从绢帽内部将帽体撑起，一方面由于绢帽略小于僧帽，竹架向外的作用力只作用于绢帽之上，不直接作用于僧帽，最大的减少了竹架局部张力对僧帽的影响。另一方面竹骨支撑绢帽帽脊，撑起的绢帽又从四个面上给僧帽四片帽体一个全面托承，使织物平整，受力均匀，又不影响文物外观（图六二）。

图五一　折痕之一

图五二　折痕之二

图五三　折痕修复后之一

图五四　折痕修复后之二

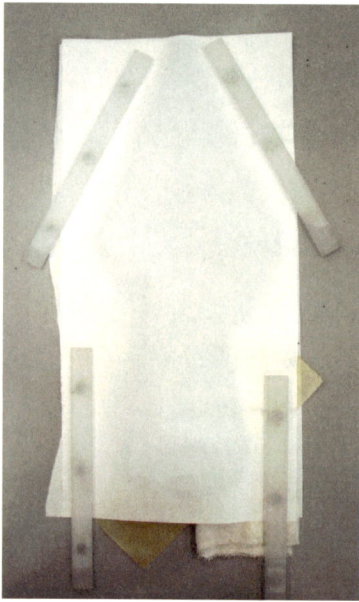

图五五　整形——控制干燥

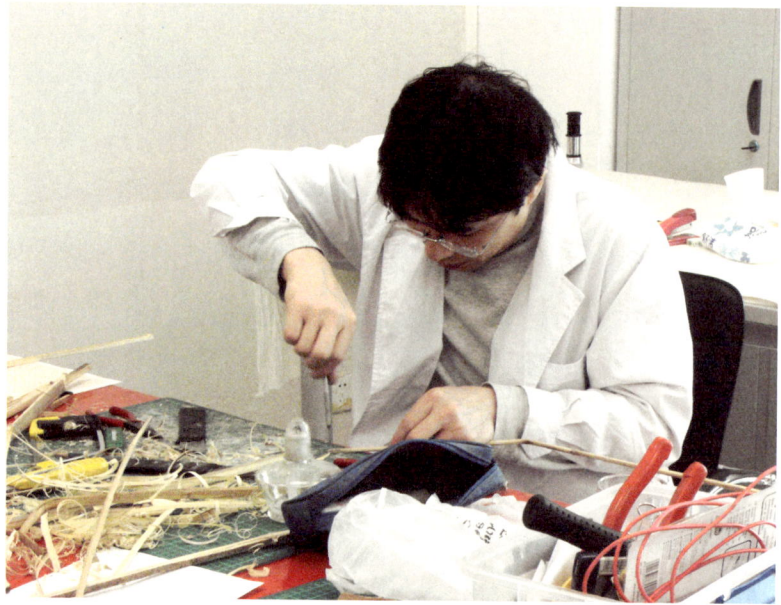

图五六　制作竹架

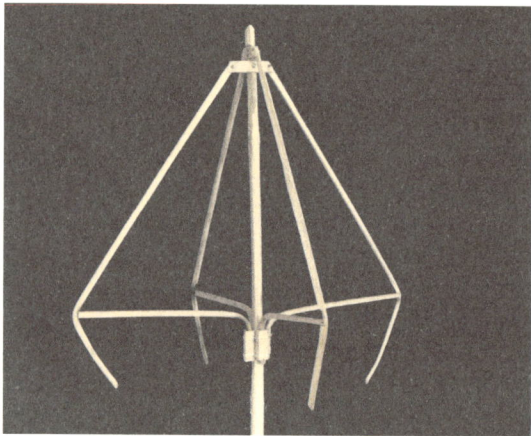

图五七　竹架之一

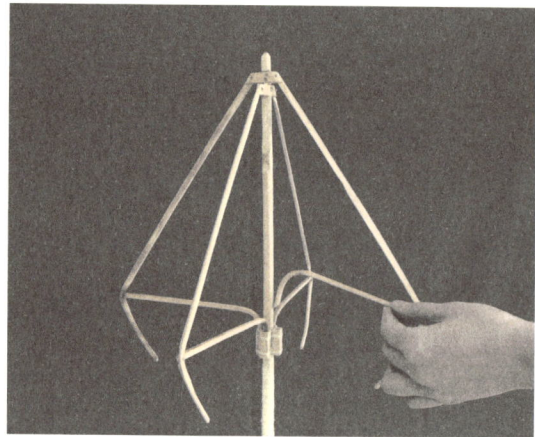

图五八　竹架之二

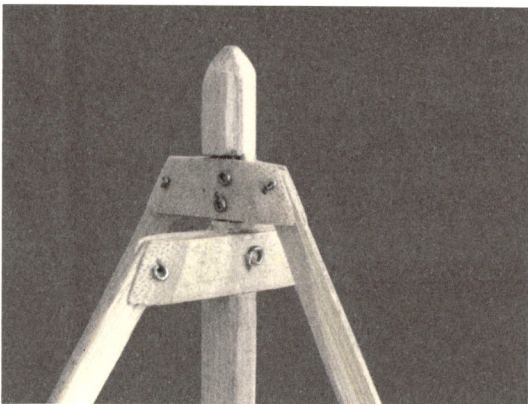

图五九　竹架之三

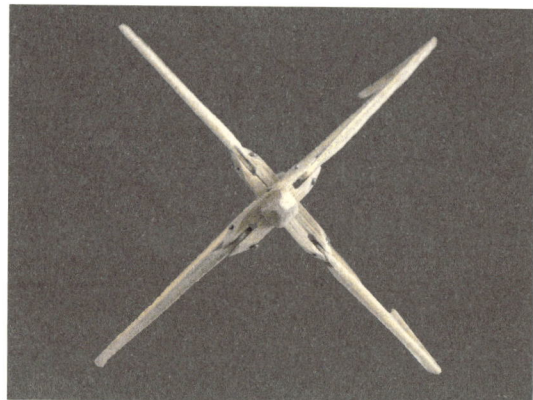

图六〇　竹架之四

四、工艺研究

僧帽为四面歇山式，两侧有护耳，后面有帽窏，通体纹样为如意云纹和火焰纹，华美肃穆。僧帽共由大小七片拼缝而成，左右护耳各钉有帽系一根。

僧帽表面织物为小花罗，罗面下两层薄绢做衬，再用一层绢做里，衬、里之间还夹有一层平纹粗棉布衬。僧帽制作时先将七片结构面纹饰绣好，加衬后在各自独立缘边包好宽绲边，绲边选用直裁小花罗面料。七片托里完成后先将僧帽主体四面缭合，再用明线缝上帽窏，最后加缝护耳，完成僧帽。

僧帽刺绣采用堆补绣工艺，即首先剪出图案所需形状，粘贴或缝合在绣地上施绣的一种刺绣工艺。七片均以浅驼色为地，褐色为图

图六一 绢帽

图六二 撑起僧帽

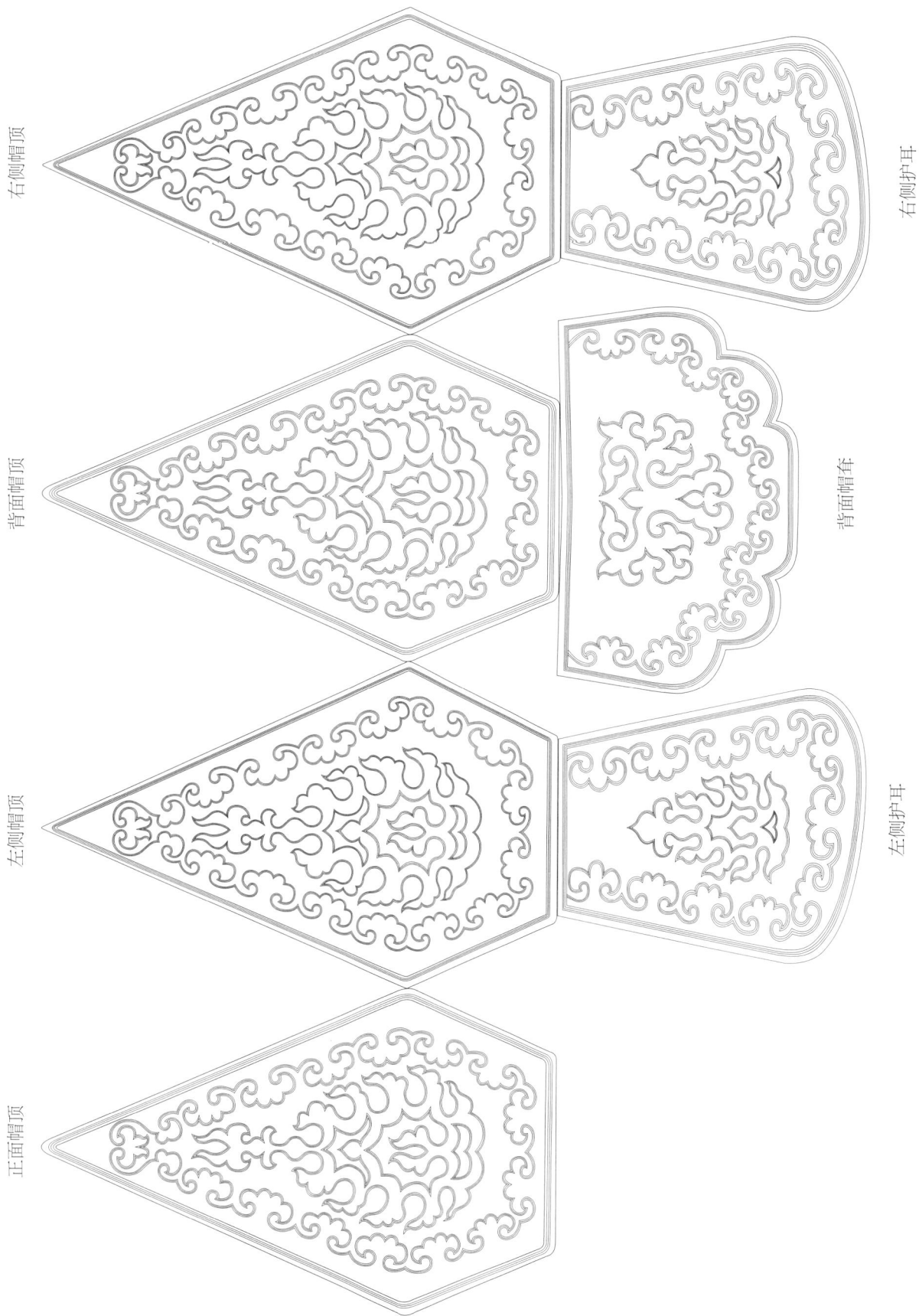

右侧帽顶

右侧护耳

背面帽顶

背面帽车

左侧帽顶

左侧护耳

正面帽顶

图六三 僧帽主体纹样图

图六四 复制

图六六 僧帽复制品侧面

图六五 正反强捻线

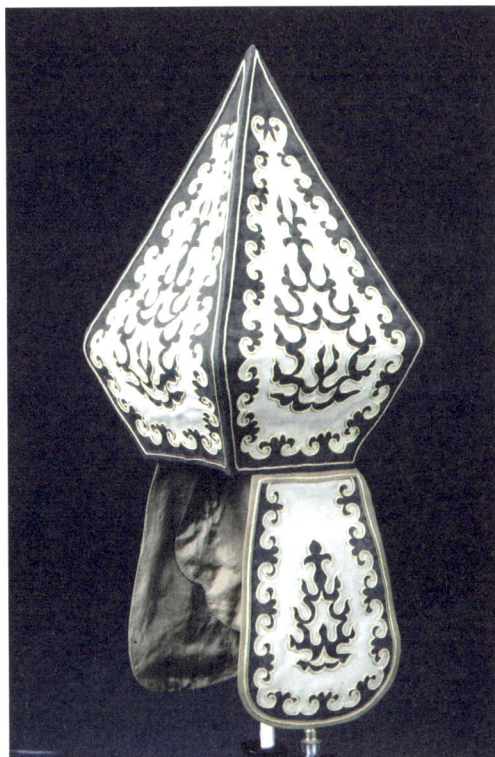

图六七 僧帽复制品背面

图六八 绣地花罗结构

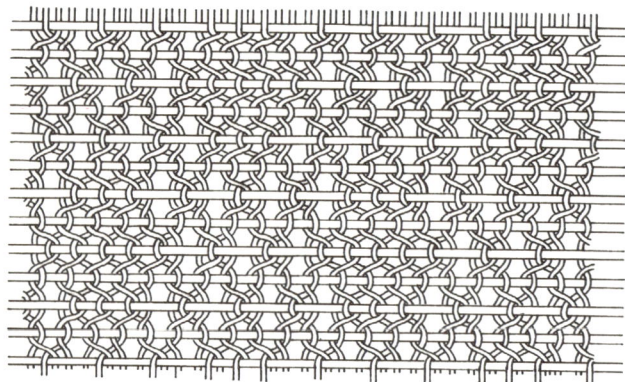

图六九 绣地花罗结构图

案主体，中间是火焰纹，周围是连环如意云纹（图六三）。绣花贴片不是直接缝在绣地上，而是用正反强捻线并列排绣压住边缘，双股合线捻向相反，两条并列钉绣，使绣纹呈现如编辫一般的装饰效果（图六四~图六七）。

僧帽帽体主体使用织物结构为四经绞地两经绞起花的浅驼色小花罗（图六八、图六九），主体绣纹用料为褐色四绞素罗，镶边绲条用褐色四经绞地两经绞起花的小花罗。护耳、帽奓绣花用料和帽系用料均为褐色四经绞地两经绞起花小花罗（图七〇、

僧帽织物密度分析

测量内容 ＼ 测量部位	四绞罗（绣片）	四绞罗（绲条）	四绞地两绞起花罗（绣地）	四绞地两绞起花罗（绣片）	绢
密度（根/厘米²）	76×26	45×13	84×17	56×18	36×28
经线投影宽（毫米）	0.15	0.10~0.20	0.10	0.10~0.20	0.10~0.30
纬线投影宽（毫米）	0.30	0.20~0.30	0.20	0.20~0.25	0.15~0.30
综线投影宽（毫米）	0.10				
综线捻回（回/米）	160~170				

图七一），护耳绲边为浅驼色四绞素罗，帽年绲边为褐色四绞素罗。正反强捻合线为乳白色。

罗织物的特点是相邻经线相互纠绞，织物形成明显空隙，这种织物有良好的透气性。我国早在商周时期就出现了罗织物，1982年湖北江陵马山一号战国楚墓有四经绞素罗实物出土。宋代罗织物更加盛行，种类繁多，生产量大，福州浮仓山南宋黄升墓出土的354件纺织品中罗织物有近200件。至明清，罗的使用逐渐减少，乃至失传。这件僧帽制作于蒙古国时期，此时罗的使用还很广泛，僧帽的表面用料均为罗织物也恰恰印证了这一点。现在，僧帽所用四经绞地两经绞起花的小花罗的织造技术早已失传，在复制时只能使用近似的二经绞素罗代替，而真正相同花罗织物则要等待今后进一步研究。

五、结 语

僧帽自从问世以来，一直以平面形象出现，由于织物较酥脆糟朽，帽体复杂有转折，因此从不敢直立打开。这次研究保护中我们首先使用X射线衍射仪检测出影响织物强度的沉淀物的成分，有针对性的将其去除，这样回潮清洗后的织物柔韧性增强，为僧帽的打开提供了可能性。我们又研究创制了竹骨支撑框架，使用活动支架从僧帽内部把僧帽打开而不对僧帽本身造成伤害，不但恢复了僧帽本来面目，也为今后类似文物的展陈方式开创了先例（图七二、图七三）。

图七〇 绣花花罗结构

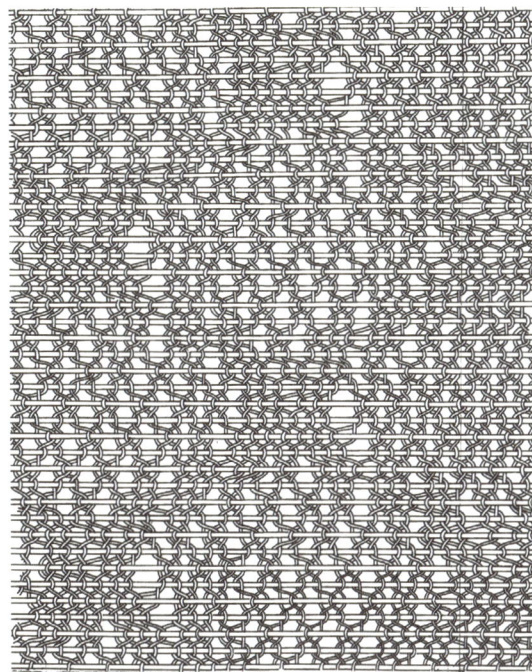

图七一 绣花花罗结构图

图七二 修复后僧帽之一

在整个过程中，我们采用X射线衍射仪、万能试验机等仪器对各种样品、标本进行检测和试验，使用超声波清洗池对僧帽进行清洗，又采用扎制风筝的工艺技术制作了竹骨支撑框架，将先进科技与传统工艺相结合，遵循文物修复的可逆、可持续、最少干预原则，对僧帽进行了研究修复。

我们还绘出了两种花罗的组织结构图，为以后进一步研究蒙古国时期纺织品及其织造工艺提供了可靠资料。

僧帽制作于蒙古国时期，公元1257年埋入地下，公元1955年出土至今已

有半个世纪。这么多年来，由于各种条件的限制，僧帽的保存环境并不十分理想，这次修复研究之后，我们对僧帽的保存提出以下建议：

（一）库房保持恒温恒湿，温度宜在18℃，湿度宜在55%；

（二）保持立体陈列和保存，防止长时间折叠损害丝质纤维；

（三）展陈时间不宜过长，展陈灯光使用无紫外光照明，每日控制曝光时间。如有可能，建议除特展外，最好使用复制品陈列。

附表一 白色沉淀物XRD分析谱图

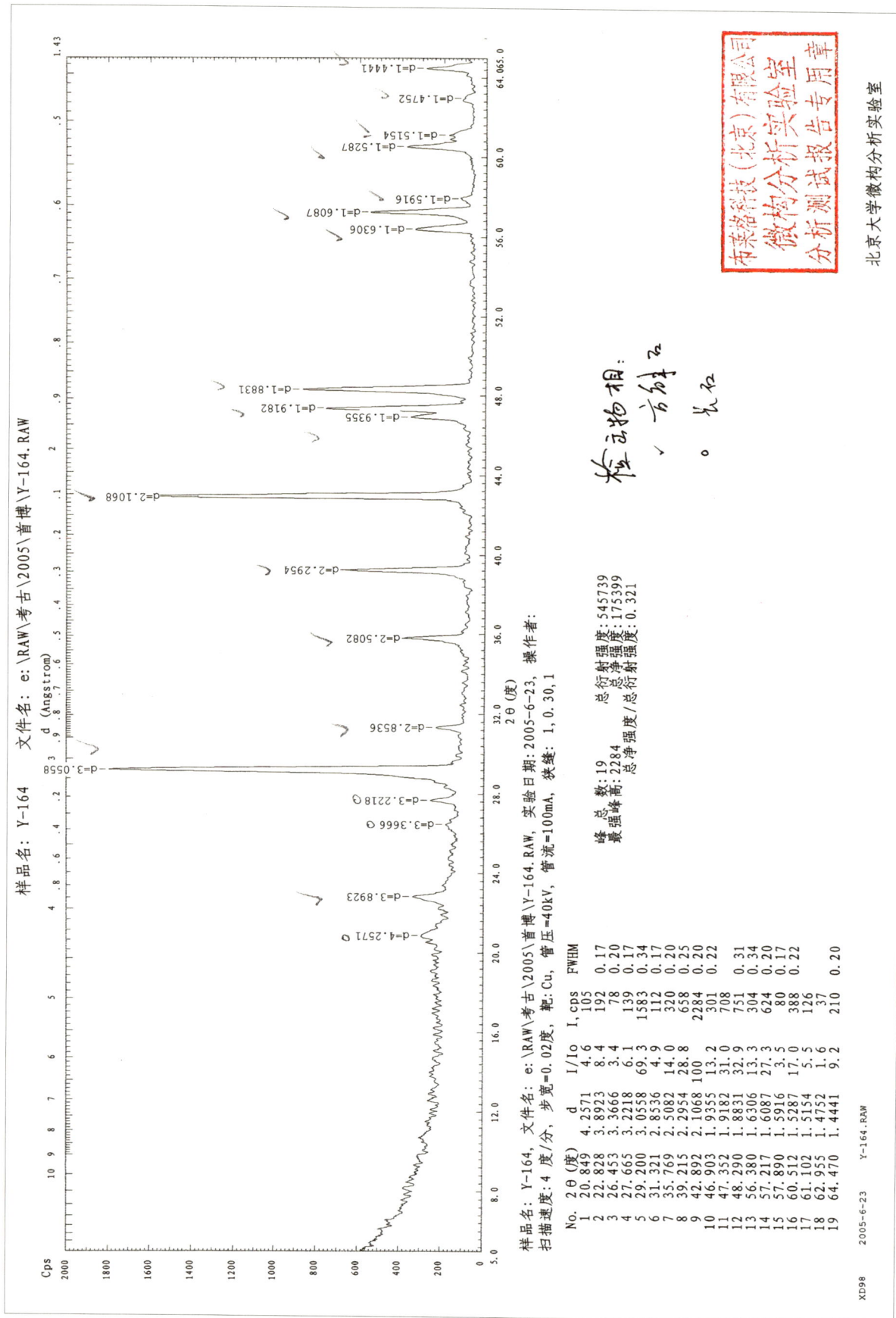

样品名：Y-164　　文件名：e:\RAW\考古\2005\首博\Y-164.RAW

样品名：Y-164，文件名：e:\RAW\考古\2005\首博\Y-164.RAW，实验日期：2005-6-23，操作者：
扫描速度：4 度/分，步宽=0.02度，靶：Cu，管压=40kV，管流=100mA，狭缝：1，0.30，1

No.	2θ(度)	d	I/Io	I,cps	FWHM
1	20.849	4.2571	4.6	105	0.17
2	22.828	3.8923	8.4	192	0.20
3	26.453	3.3666	3.4	78	0.17
4	27.665	3.2218	6.1	139	0.17
5	29.200	3.0558	69.3	1583	0.34
6	31.321	2.8536	4.9	112	0.17
7	35.769	2.5082	14.0	320	0.20
8	39.215	2.2954	28.8	658	0.25
9	42.892	2.1068	100	2284	0.20
10	46.903	1.9355	13.2	301	0.22
11	47.352	1.9182	31.0	708	
12	48.290	1.8831	32.9	751	0.31
13	56.380	1.6306	13.3	304	0.34
14	57.217	1.6087	27.3	624	0.20
15	57.890	1.5916	3.5	80	0.17
16	60.512	1.5287	17.5	388	0.22
17	61.102	1.5154	5.5	126	
18	62.955	1.4752	1.6	37	
19	64.470	1.4441	9.2	210	0.20

2005-6-23　Y-164.RAW

峰 总 数：19
最强峰高：2284
总衍射强度：545739
总净强度：175399
总净强度/总衍射强度：0.321

北京大学微构分析实验室

布来洛科技（北京）有限公司
微构分析测试实验室
分析测试报告专用章

附表二 超声波对织物强度影响测试图表

样品：绢

样品 强度 时间 \ 超声波频率	0kHz	28kHz	45kHz	100kHz
0min	183.6N	无	无	无
20min	无	158.6N	147.8N	153.2N
30min	无	132.7N	137.3N	155.3N
40min	无	121.6N	123.5N	142.0N

不同频率超声波对绢强度影响试验

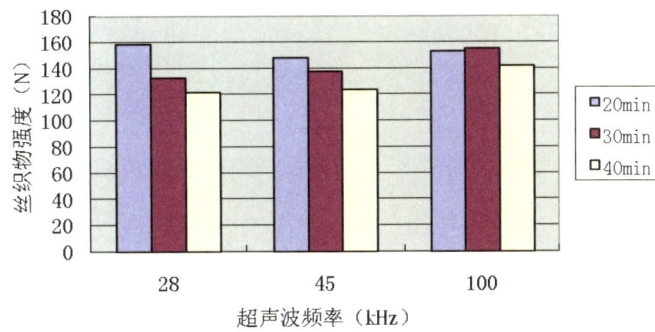

样品：缎

样品 强度 时间 \ 超声波频率	0kHz	28kHz	45kHz	100kHz
0min	498.4N	无	无	无
20min	无	414.9N	434.3N	459.1N
30min	无	431.0N	428.3N	403.4N
40min	无	331.9N	394.8N	342.9N

不同频率超声波对缎强度影响试验

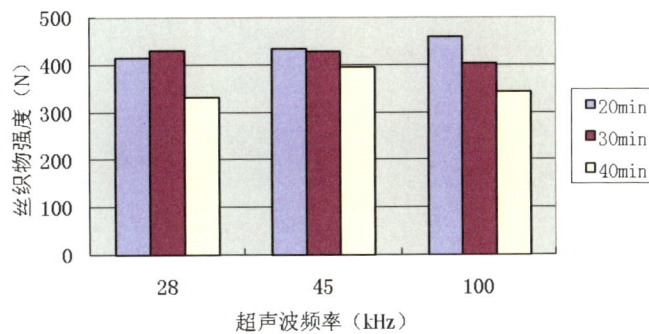

附表三　纤维红外谱图

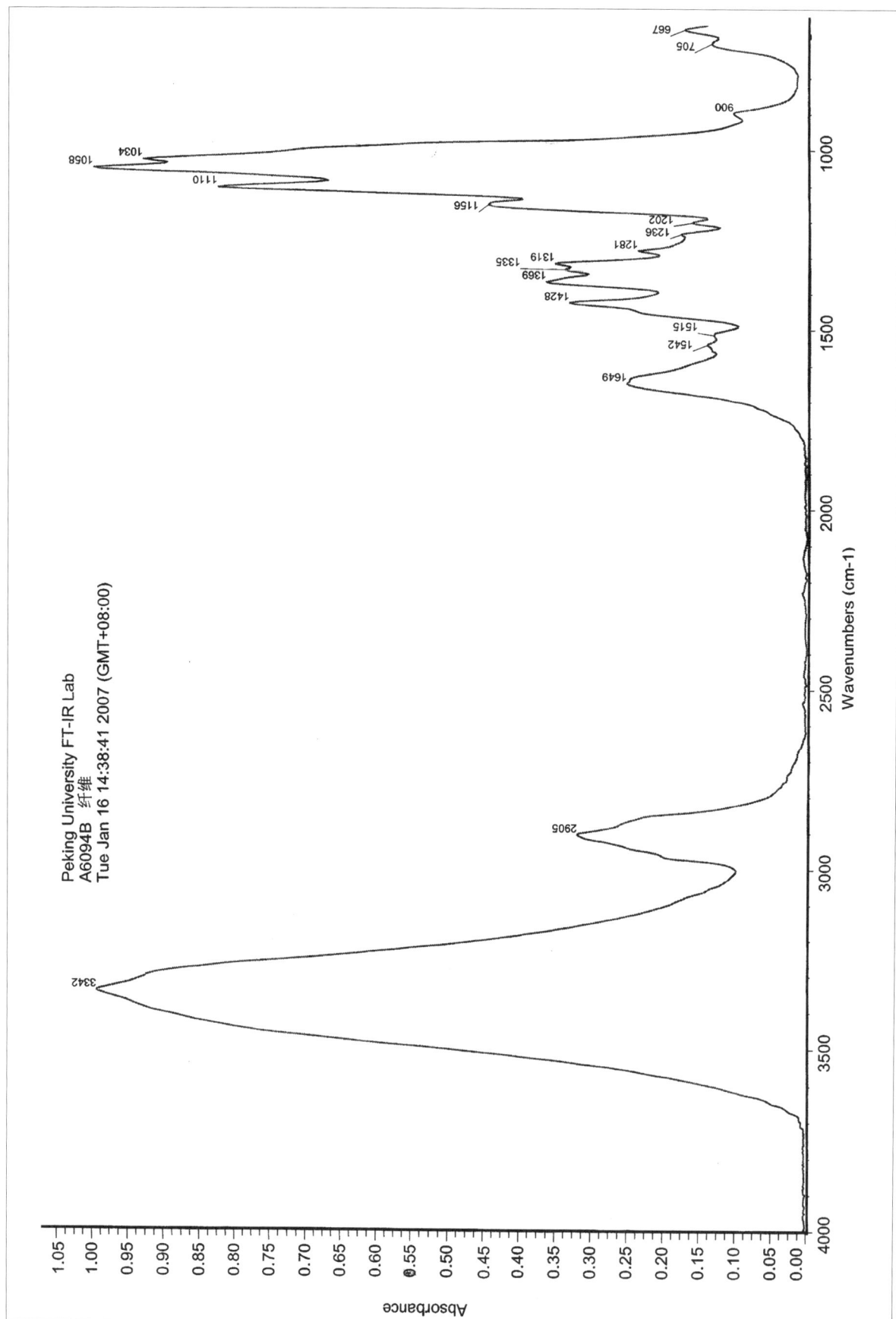

Peking University FT-IR Lab
A6094B 纤维
Tue Jan 16 14:38:41 2007 (GMT+08:00)

附表四　纤维与相似物红外谱图对比

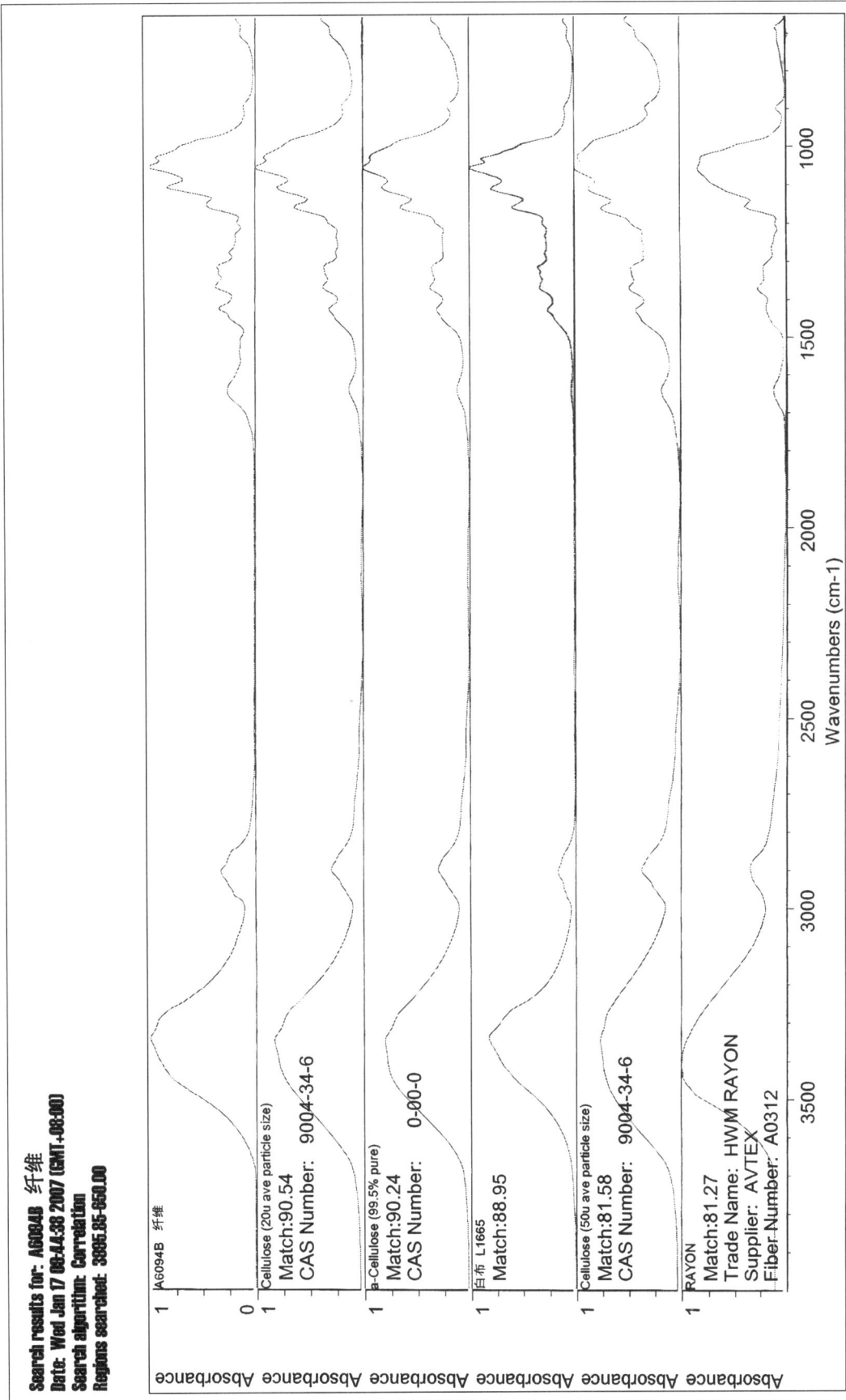

附表五 纤维与棉布红外谱图对比

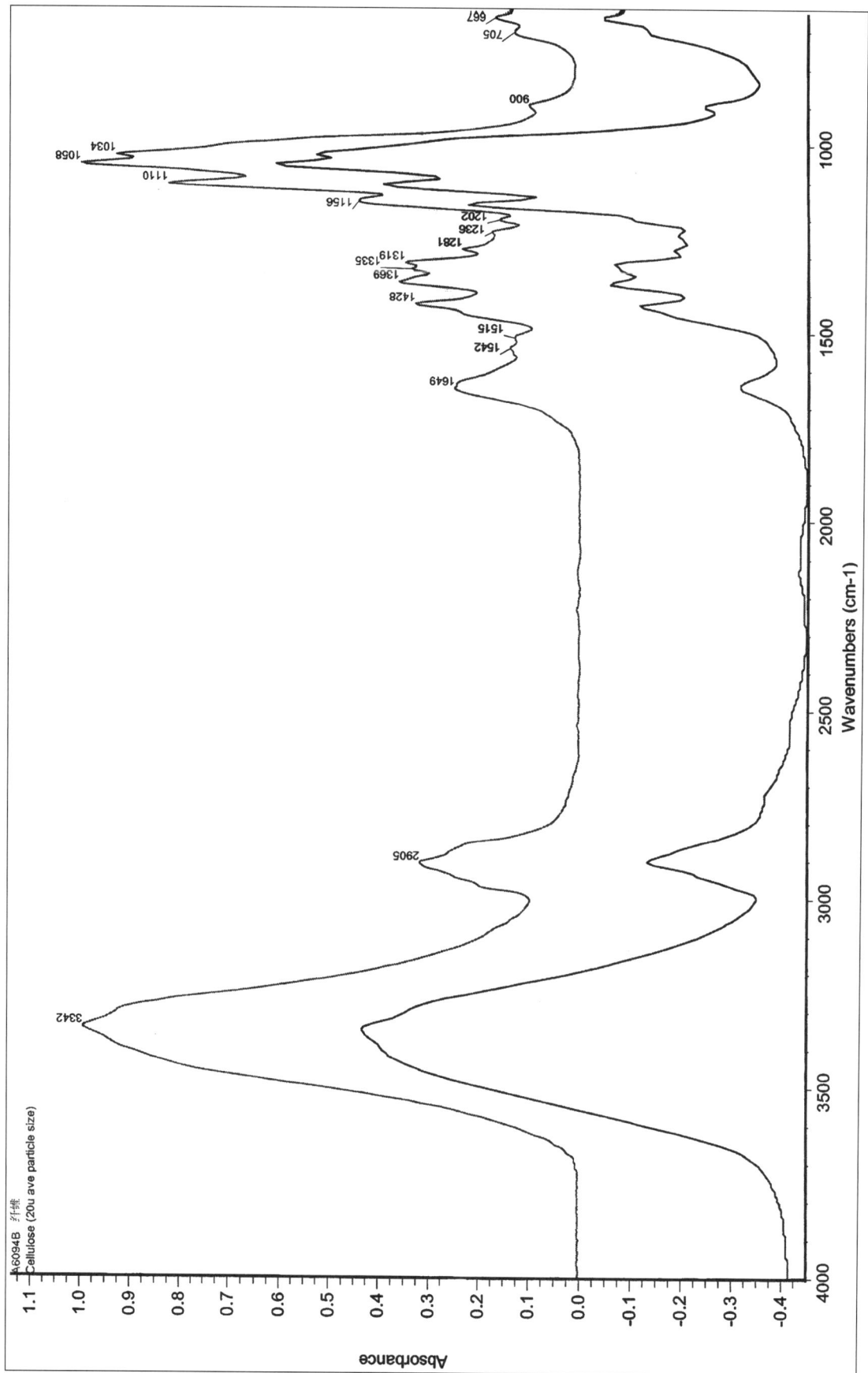

附表六 黄色半透明物红外谱图

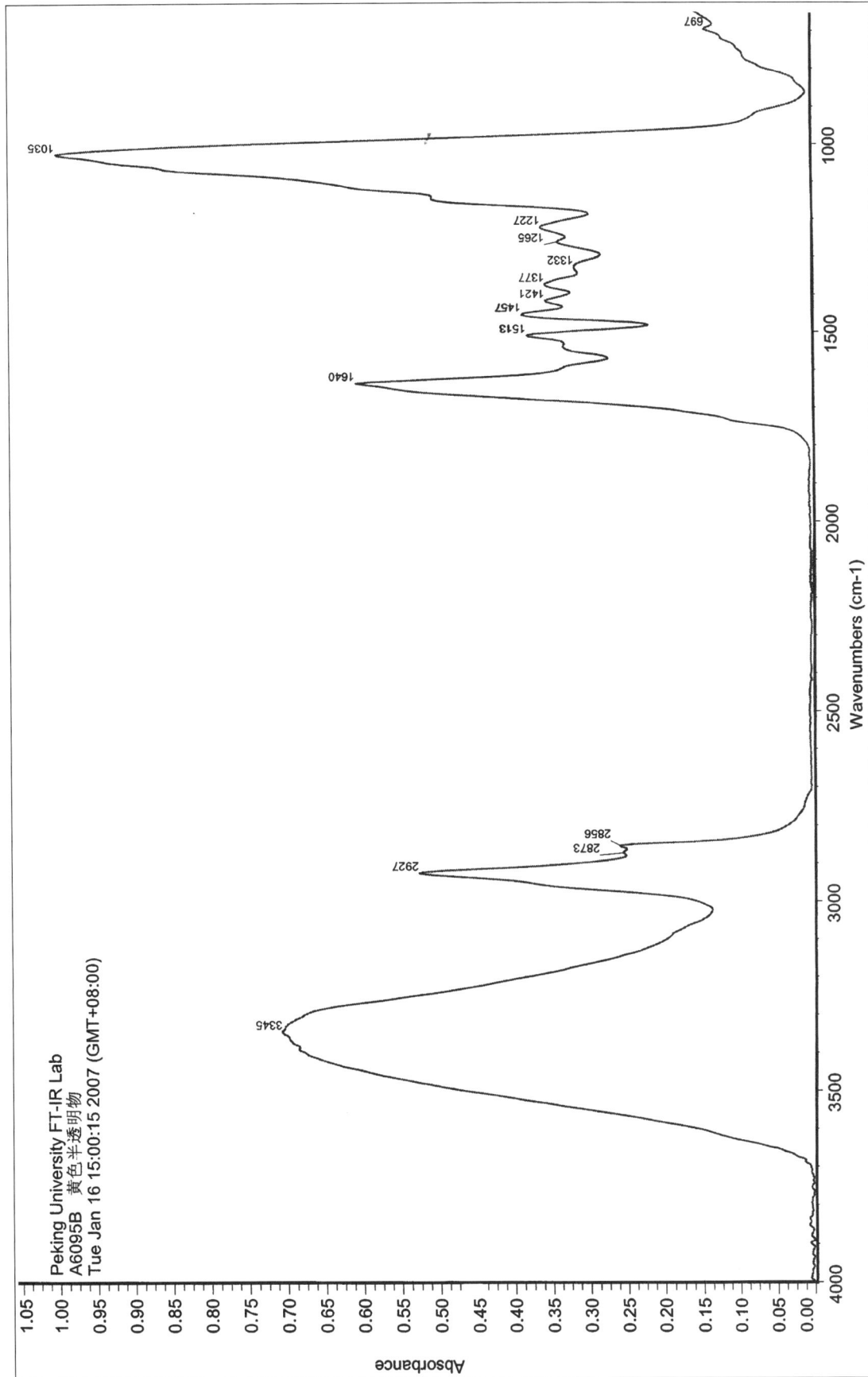

Peking University FT-IR Lab
A6095B　黄色半透明物
Tue Jan 16 15:00:15 2007 (GMT+08:00)

Absorbance

Wavenumbers (cm-1)

附表七 黄色半透明物与相似物红外谱图对比

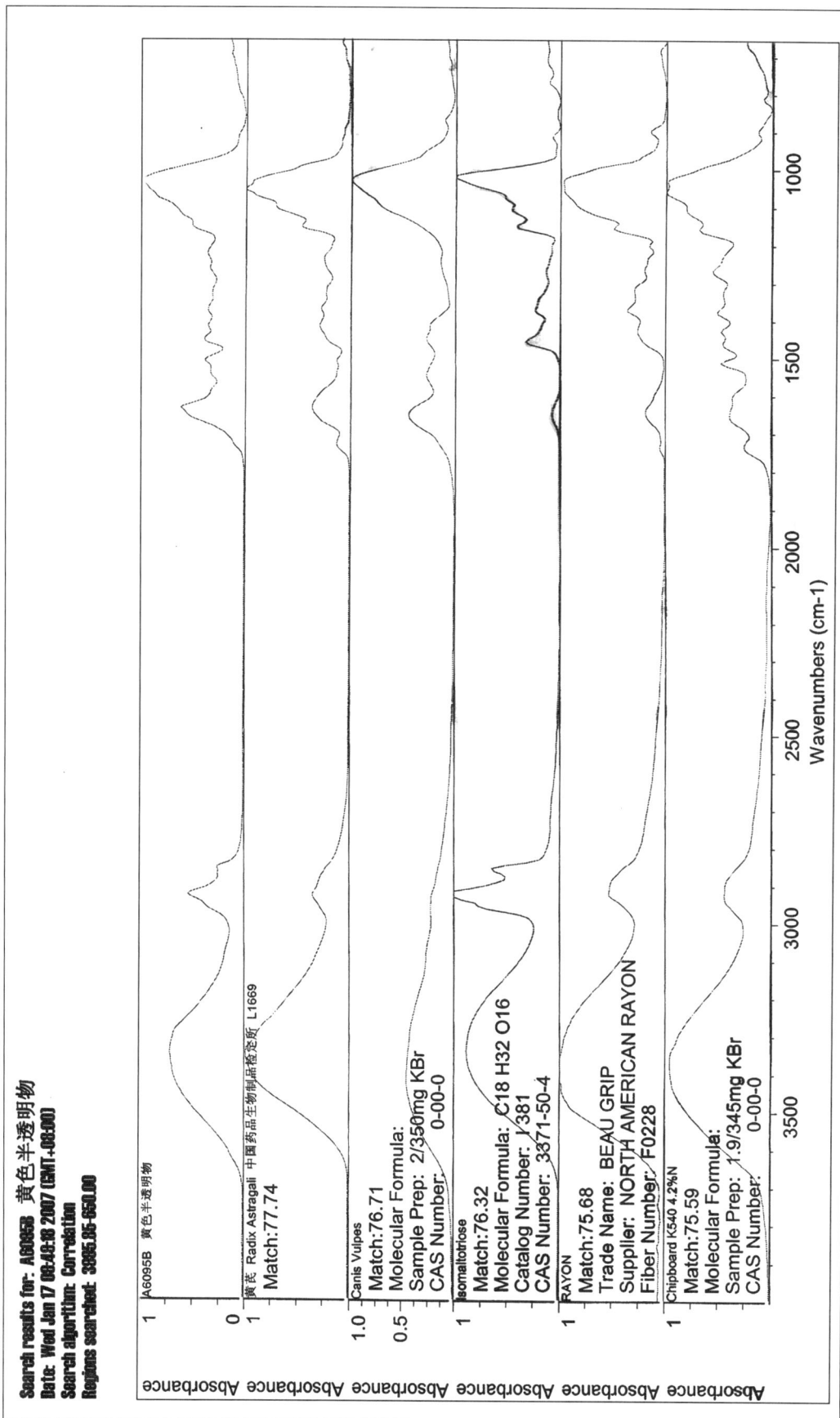

附表八 黄色半透明物与黄芪红外谱图对比

A6095B 黄色半透明物
黄芪 Radix Astragali 中国药品生物制品检定所 L1669

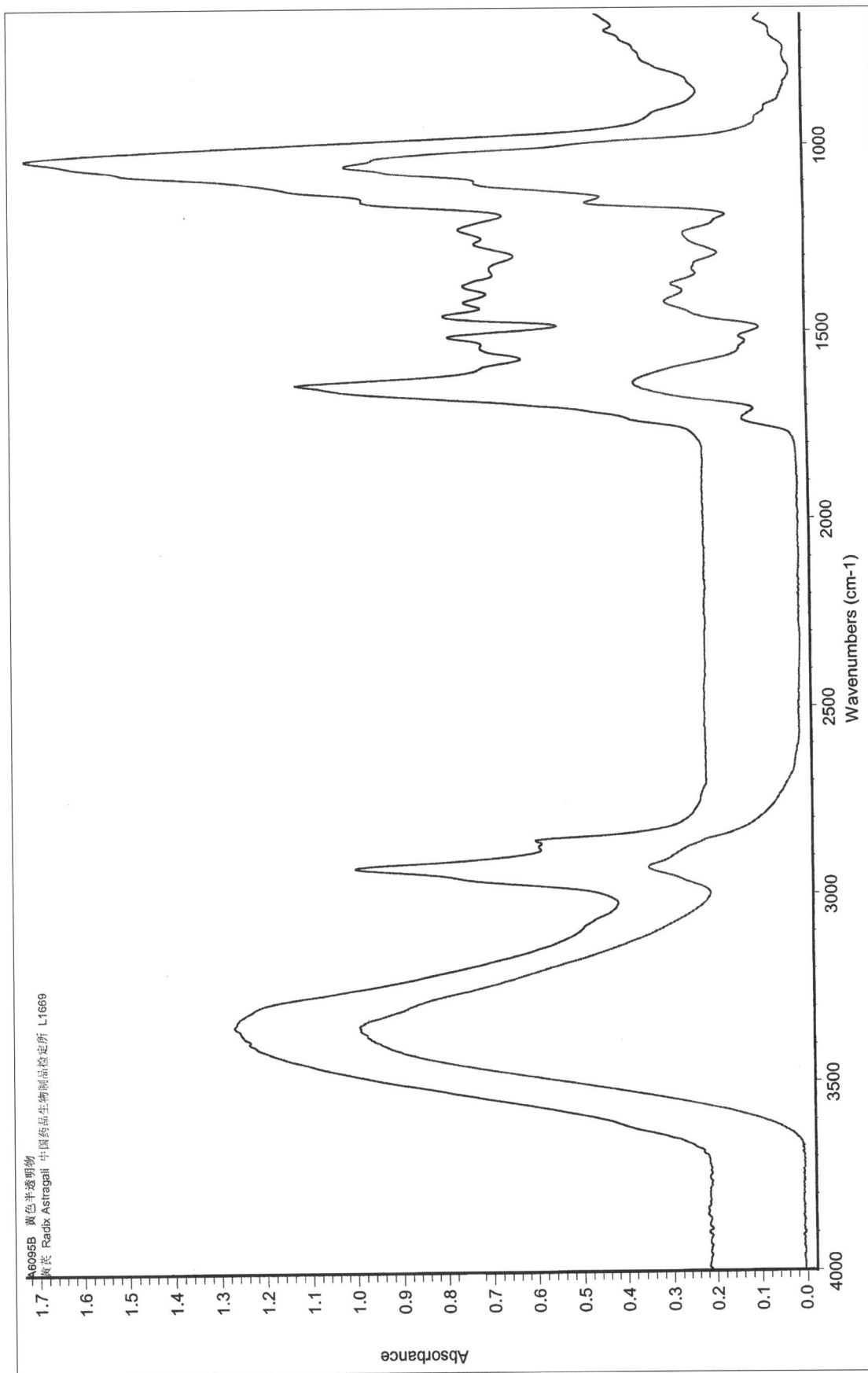

庆寿寺出土僧帽样式考

傅 萌 /首都博物馆文物保护修复中心

北京庆寿寺出土火焰纹堆补绣僧帽呈四面歇山式，两侧有护耳，后垂帽郑，通体纹样为堆补绣如意云纹和火焰纹，现仅存深褐色和浅褐色两色，华美肃穆。

这顶僧帽款式独特，并非典型汉传佛教僧帽样式，也不见于各种著录的僧帽款样，因此有人认为这是一顶藏传佛教僧帽，理由大致有二：一是此时的统治者为蒙古人，蒙古人信奉藏传佛教，而海云禅师既为元朝国师，也应信奉藏传密宗，因此其服饰也为藏传款式；二是僧帽的样式类似藏传佛教的通人冠。还有专家认为其样式很像西藏供品"供朵马"，因此是藏传僧帽款式。

我在修复工作中的同时，对僧帽款式、制作工艺和海云禅师生平也进行了研究，试图探讨一下僧帽款式的属性。

一、僧帽工艺与纹饰造型

僧帽帽形应起源于南北朝时期。南朝关于僧帽相似款形的记载可见于《南史·齐本纪》："百姓皆著下屋白纱帽，而反裙覆顶。东昏曰：'裙应在下，今更在上，不祥。'命断之。于是百姓皆反裙向下，此服袄也。帽者首之所寄，今而向下，天意若曰，元首方为猥贱乎。"[1]由此可见，南朝帽下有裙幅装饰始于齐，此前帽饰幅巾皆反转在上，而反裙向下则被指为"服袄"。《南史·齐本纪》又载（东昏）将帽"裙向后，总而结之，名曰'反缚黄丽'。"[2]又《南齐书·五行志》记："永明中，萧谌开博风帽后裙之制，为破后帽。"[3]说明此时南朝有将帽裙后系的戴法。

北方寒冷多风，帽下置护耳幅巾可以挡风御寒，具有实用功能。河北景县封氏墓出土头戴风帽的陶俑（北朝）应是时人形象写照（图一）[4]。此帽上下两部分有明显分界，上部为圆顶包住头顶，下部裙幅遮住双耳，裙幅下垂至肩。

《魏书·吐谷浑传》记："其俗：丈夫衣服略同于华夏，多以罗幂为冠，亦以缯为帽。"[5]《南史·夷貊传》则称吐谷浑国男子"著小袖袍，小口袴，大头长裙帽。"[6]"幂"即遮面之物。吐谷浑活动于内蒙古阴山一带，为北朝统治者鲜卑的一个分支，其装束应与北朝略同。又《隋书·礼仪志》记："后周之时，咸著突骑帽，如今胡帽，垂裙覆带，盖索发之遗象也。"[7]

图一 河北景县封氏墓出土陶俑
左：著披风、袴褶从官陶俑
中：小冠子、袴褶文官陶俑
右：戴漆纱笼冠女官陶俑

至隋代有裙之帽已颇流行。《隋书·礼仪志》："帽，自天子下及士人，通冠之。以白纱者，名高顶帽……又有缯皂杂纱为之，高屋下裙，盖无定准。"[8] "宋、齐之间，天子宴私，著白高帽，士庶以乌，其制不定。或有卷荷，或有下裙，或有纱高屋，或有乌纱长耳。"[9]

宋代仍然存在这种帽形。重庆大足石刻北山佛湾第一七七窟（北宋）《泗洲大圣》中人物头戴风帽（图二）[10]，上为圆顶，帽下缀有幅巾垂于肩上。宝顶山大佛湾第二〇龛（南宋）《截膝地狱变醉酒图父子不识》中老年男子之帽（图三）[11]，帽形与泗洲大圣之帽相比较高，帽下幅巾饰缘边。

与宋同时的北方辽代贵族之帽多将帽耳上折，陈国公主墓出土的高翅鎏金银冠（图四）[12]将帽之两耳上折为高翅，立于帽冠两侧。法库叶茂台辽墓出土高翅帽（图五）[13]与鎏金银冠形象极相似，而其帽翅与双塔寺僧帽的帽翅形状几乎相同，应为"卷荷"或"下裙"的不同表现形式。

与庆寿寺僧帽混淆的藏帽名为班智达帽，上为尖顶，两侧有垂带。此帽在元代为红色，由毛毡制成，起源于印度波罗王朝时期（公元8～12世纪），为印度佛教有知识的高僧所戴，尖顶代表智慧。与海云禅师同时的密宗萨迦班智达和八思巴所戴都为此帽，却是圆顶，是因为萨迦班智达在他的上师扎巴蒋称

图二 《泗洲大圣》

图三 《截膝地狱变醉酒图父子不识》

图四 高翅鎏金银冠Y92-1

图五 高翅帽局部

圆寂时为了表示哀悼，把帽子尖剪掉变成圆顶。直至1388年格鲁派创始人宗喀巴才改戴黄色班智达帽。

朵马又称"多玛"，是藏传佛教中的食子，以糌粑或熟麦粉作成，用以供养佛菩萨、本尊或诸神施食众鬼的食品。朵马可为供养佛、菩萨、本尊的食品，亦可供给恶灵邪魔以驱除之，亦可为灌顶时作为本尊代表来加持弟子之用。食子有各种形状，多为三角形，虽然有与庆寿寺僧帽造型相似者，但是应与僧帽没有过多的联系。

庆寿寺僧帽可能是由古代有裙帽传承变化而来。由于帽下加裙有艺术和实用两种功能，因此裙帽在南北方都有存在，在北方为御严寒，而在南方则更为美观或因制式，并非汉家独有。虽然北方少数民族逐渐汉化，但引《梦溪笔谈》语："中国衣冠，自北齐以来，乃全用胡服"[14]，南北文化相互交融，因此衣冠也具相似之处。

僧帽帽体主要使用了四种不同结构的四经绞小花罗。罗织物在汉地早在商周时期就已存在，到宋已颇为盛行，南方有很多两宋墓葬中都有大量罗织物出土。由于弱宋向北方邻国交纳岁贡，与宋并存的北方贵族也多使用罗织物，如早海云百年的金齐国王完颜晏夫妇墓出土的大量花罗服饰[15]。僧帽表面使用的四经绞地两经绞起花罗花纹复杂，织造精良，应是用成熟的汉地织造工艺制作完成的。

僧帽刺绣采用堆补绣工艺，即首先剪出图案所需形状，粘贴或缝合在绣地上施绣的一种刺绣工艺。这种工艺在汉地起源于唐代的"堆绫"、"贴绢"，唐宋时期也称"剪彩"。堆补绣通常采用补花贴绣，色彩对比强烈，僧帽的绣花贴片不是直接缝在绣地上，而是用正反两条强捻线并列排绣压住边缘，双股线捻向相反，两条并用，使绣纹呈现如编辫一般的装饰效果（图六）。僧帽所绣堆补绣图案饱满，线条流畅，最为出色的是圈钉的捻线捻回多，强度大，即便是现在也很难复制出来。

僧帽以浅驼色为地，褐色为图案主体，中间是装饰性火焰纹，周围饰连环如意云纹。火焰纹源自佛教装饰图案，早可见于北魏云冈、敦煌等石窟，其中很多佛、菩萨造像的头光和背光皆饰火焰纹。而如意云纹则是由汉族云纹逐渐演化而来。汉代马王堆纺织品上已有云纹刺绣，此时云纹流畅生动。唐代出现朵云纹并逐渐程式化，至宋代云纹日趋饱满并形成如意云头。僧帽的两种图案皆是汉传佛教艺术中常用的装饰图案。

图六 僧帽堆补绣

修复过程中僧帽内部掉落许多内衬残渣，呈经纬交织状，上有黄色胶状物，经检测织物为棉织物，胶状物为黄芪。黄芪为名贵中药材，气微味甘，性微温，常做补气之用，其所含黄芪胶糖易吸水泡胀成凝胶状物质。黄芪胶溶液粘度极高，PH值为5～6，现在在食品、制药、化妆品、印染和制革工业中用作稳定剂、赋形剂、增稠剂及胶黏剂，但无驱虫和染色等作用的记载，因此推测黄芪用在僧帽中是利用黄芪胶的黏性作为内衬上浆之用。

黄芪产自甘肃、陕西和山西一带，宋元时期最佳产地稳定在山西绵上、宪水(今山西沁源、静乐)附近。黄芪自古至今都是名贵的中草药，若使黄芪给棉布上浆，则有可能是在其产地周围适用。

综上所述，僧帽造型为中原与北方服饰所共有，其纹饰也是佛教和中原文化融合产生，带有极强的汉传佛教色彩，因此应为汉传佛教服饰。但从其帽翅与叶茂台出土文物的相似程度和黄芪上浆分析，则可能是在北方地区制作完成的。

二、海云禅师生平

海云禅师（公元1202～1257年），俗姓宋，山西宁远人，法号印简，道号海云，7岁落发，师从中观沼公学习佛法，13岁开始陞座讲经，金宣宗赐以通玄广惠大师之号。宁远城陷后归顺元朝，受赐寂照英悟大师之号。海云禅师先后在兴州仁智寺、易州兴国寺、燕京竹林禅寺及大庆寿寺等处弘法，深受成吉思汗、贵由和蒙哥等蒙古统治者礼遇，并在元宪宗时期统领全国佛教。逝世后谥为佛日圆明大师。

海云禅师及其弟子以宗教形式对元初的政治具有一定影响，多次被时为大王的忽必烈请至帐前问询佛法。海云禅师圆寂后，忽必烈仍然对他十分尊重，《佛祖通载》记载："新筑京城，监筑者谋毁海云国师塔，两雄相合，奏帝欲去其塔。帝云：'海云高僧，筑城围之。贵僧之德，千古不磨。'"[16]又载："帝召东宫云：'海云是汝师，居住金田宜加崇饰。'由是鼎新庆寿大刹。"[17]由此可见蒙古统治者对大师的敬重。

海云禅师信奉的是中原佛教中的禅宗，由菩提达摩在南北朝时从印度带到中国，达摩祖师的衣钵经过惠可、僧璨、道信、弘忍一脉单承，传到六祖惠能以后不再单传，于是惠能的弟子们各自开宗立派，逐渐形成了沩仰宗、曹洞宗、临济宗、云门宗和法眼宗等五宗。他们的基本思想都是主张顿悟而即身成佛，但接引学众的方式各异。其中临济宗属于南岳怀让法系，其宗风单刀直入，机锋峻烈，常以手启或警句使人悟省。至南宋时，临济宗下派分黄龙派和杨歧派，因此禅宗有"五宗七家"之称。海云禅师所从为临济宗的杨歧派，为临济正宗，海云被奉为临济宗第十六代宗师。

而密宗在元代的兴起是在海云禅师逝世之后，公元1258年大王忽必烈组织僧道辩论，年轻的密宗禅师八思巴胜出，受到忽必烈重视。公元1260年忽必烈登基，任命八思巴为国师，掌管释教僧众，从此以后才奠定了藏传佛教在元代的统治地位。

《佛祖通载》记载："师在宁远，于城陷之际，稠人中亲面圣颜，俾师敛髻。师告曰：'若从国仪则失僧相也。'蒙旨如故。自此僧有不同俗民之异也。"[18]明确说明海云不因强权而敛髻，维护僧相，因此作为中原禅宗传人的海云禅师是不可能头戴藏传密宗僧帽的。

明代《帝京景物略》云："今寺尚有海云、可庵二像，衣皆团龙鱼袋。"[19]团龙、鱼袋皆为汉服装饰物。由此我们可以断定：庆寿寺出土的火焰纹堆补绣僧帽是汉传佛教的僧帽，并非藏传佛教服饰。

注 释

(1)（唐）李延寿撰：《南史·齐本纪》第160页，中华书局1975年6月出版。

(2)（唐）李延寿撰：《南史·齐本纪》第160页，中华书局1975年6月出版。

(3)（梁）萧子显撰：《南齐书·五行志》第373页，中华书局1974年2月第2次印刷。

(4) 沈从文编著、王㐨增订：《中国古代服饰研究·增订本》第188页图版九四，上海书店出版社1999年1月第2次印刷。

(5)（北齐）魏收撰：《魏书·吐谷浑传》第2240页，中华书局1974年6月出版。

(6)（唐）李延寿撰：《南史·夷貊传》第1978页，中华书局1975年6月出版。

(7)（唐）魏征、令狐德棻撰：《隋书·礼仪志七》第266页，中华书局1973年8月出版。

(8)（唐）魏征、令狐德棻撰：《隋书·礼仪志六》第235页，中华书局1973年8月出版。

(9)（唐）魏征、令狐德棻撰：《隋书·礼仪志七》第266页，中华书局1973年8月出版。

(10) 中国石窟雕塑全集编辑委员会编：《中国石窟雕塑全集·7·大足》第19页图版一九，重庆出版社2000年8月第1版。

(11) 中国石窟雕塑全集编辑委员会编：《中国石窟雕塑全集·7·大足》第171页图版一六九，重庆出版社2000年8月第1版。

(12) 内蒙古自治区文物考古研究所、哲里木盟博物馆：《辽陈国公主墓》图版一六，1，文物出版社1993年4月出版。

(13) 辽宁省博物馆、辽宁铁岭地区文物组发掘小组：《法库叶茂台辽墓记略》，《文物》1975年第12期第26页。

(14)（宋）沈括著，胡道静校注：《梦溪笔谈》第23页，中华书局，1960年2月第1次印刷。

(15) 赵评春、迟本毅著：《金代服饰——金齐国王墓出土服饰研究》，文物出版社1998年6月出版。

(16)（元）释念常撰：《佛祖通载》二二卷，载《四库全书·子部释家类》。

(17)（元）释念常撰：《佛祖通载》二二卷，载《四库全书·子部释家类》。

(18)（元）释念常撰：《佛祖通载》二二卷，载《四库全书·子部释家类》。

(19)（明）刘侗、于奕正：《帝京景物略》第158页，北京古籍出版社2001年2月第3次印刷。

密封册保护研究报告

司志文 /首都博物馆文物保护修复中心

一、前期调查

（一）历史背景

密封册1978年发现于北京西城区妙应寺白塔顶部华盖内。白塔始建于元代至元九年（公元1272年），为元大都圣寿万安寺中的佛塔。圣寿万安寺规制宏丽，文献记载寺内佛像、窗、壁都以黄金装饰，元世祖忽必烈及太子真金的遗像也在寺内神御殿供奉祭祀（图一）。

白塔为"堵波"式塔，通体洁白，形体硕大，是我国现存最早、最大的喇嘛塔，俗称"白塔"。因为白塔气势宏伟，深受万众喜爱，妙应寺一直被大众称为"白塔寺"，它的寺名反而很少被提及。早在辽道宗寿昌二年（公元1096年）这里曾建过一座释迦佛舍利塔，后来被毁。元代，忽必烈为了实现"以佛治心"的目的，将喇嘛教奉为"国教"，并于至元八年（公元1271年）下令在辽塔的遗址上重新建造一座大型藏式佛塔。因为工程浩大，特地请来一位尼泊尔建筑工艺家阿尼哥主持设计和修建。白塔于至元二十五年（公元1288年）竣工，迎释迦佛舍利藏于塔中。元帝忽必烈下令在佛塔四周修建"大圣寿万安寺"，从此这里成为元朝王室进行佛事活动的中心。至正二十八年（公元1368年）万安寺毁于火灾，仅白塔得以保存。明英宗天顺元年（公元1457年）又对寺庙和白塔进行了修缮，重修后规模较元代万安寺面积小，改名为"妙应寺"（图二）。

图一　妙应寺白塔

图二　妙应寺白塔

图三　五台山大塔院白塔

图四　妙应寺白塔塔顶华盖

尼泊尔设计师阿尼哥除在北京建造了圣寿万安寺白塔外，还建造了五台山大塔院内白塔（图三）。

（二）发现及展存状况

1. 发现密封册

1976年唐山发生大地震波及北京，妙应寺白塔出现了裂缝，1978年修复白塔时，在塔顶华盖内意外发现了一批乾隆时期装藏的镇塔之宝，其中有乾隆手写的经咒，精雕细刻的小赤金舍利寿佛，一顶五佛冠和缀有千余粒珍珠宝石的补花袈裟及五色哈达等，而最神秘的当属一件被定名为"密封册"的文物。这件"密封册"是一件边长29.5厘米、厚3.7厘米的正方体，通体用五彩丝线层层相互叠压成几何纹和塔形纹饰，内部封存何种重要宝物至今不得而知（图四）。

2. 密封册展存状况

密封册经多次长时间展出后入藏于首都博物馆。首都博物馆原设在国子监的库房条件较差，温湿度均随气候环境变化而变化，没有条件采取稳定有效的保护措施，并且在数次展出中造成了一些物理损伤，如丝线褪色和被扰动紊乱和断裂等。

密封册于1978年发现后，首先在北京府学胡同36号北京市文物局老干部活动室进行过《白塔寺成果展览》（内展），展室采取直接日光灯照明。

1998年10月25日到1999年5月16日，密封册又在白塔寺天王殿展出，受展览条件所限，出现了单面光照褪色现象。当时所采用的光源为普通日光灯，在展览近半年左右即出现肉眼可辨的明显褪色现象。展出后存放于妙应寺内配殿的库房内。库房不具备所需的温、湿度调节设备，环境随大气候的变化而变化（图五～七）。

密封册入藏首都博物馆后，一直存放在位于孔庙的字画库房（原孔庙崇圣祠改建）。库房内也无温、湿度调节设备，环境随大气候的变化而变化（图八）。

图五 白塔寺天王殿展览时与其它文物在一起的状况

图六 展出面（因光照褪色）

图七 背面（颜色明显鲜亮）

图八 原首都博物馆一级品库房

二、科委立项研究修复

（一）修复的价值与目的

密封册是清代乾隆时期妙应寺白塔进行修复时的装藏供奉品之一，册子用极复杂的编结工艺将内部所藏供品和纸制文书密封于内。我们首先对其编结工艺进行深入研究，解读其编结方法，为后续密封册是否进一步进行考古清理创造好条件。

至于内部封藏物是玉塔、文书、金佛还是坛城图，五十年来不断有各种推论文章研究发表。我们拟弄清密封册的编结工艺并依其进行复制，目的是为进一步研究密封册打好基础。为了证实其内是否有以上所提的封藏物，确认封藏物的质地、形状，还为密封册作了X光正面和立面的探测，探测结果是没有发现与纸质密度不同的物质。

（二）密封册现状

馆藏密封册（32.2248）为正方形，边长29.5厘米左右，厚3.7厘米左右，由红、蓝、绿三个色系共十六种丝线及两种不同粗细的捻金线横竖叠压缠绕而成，四个边角用黑色大漆封护，侧面部位隐约可见有墨迹的折叠纸品。密封册正反两面中间都有用金线穿绕出的一座宝塔，形似妙应寺的白塔，其中一面的塔上还用彩色丝线绣出梵文。缠绕密封册的丝线部分脱落、断裂和散乱。有梵文图案的一面由于以前展览时长期受光放置，致使丝线因光照过长而严重褪色，两面色度对比极为明显。

（三）制定保护修复方案

1.对密封册进行保护研究，清洁并将脱落的丝线理顺，固定位置。

2.研究其彩色桑蚕丝线的叠压绕编工艺。

3.依其工艺仿制密封册。

修复前、修复过程中及修复后都做了详细的资料记录，包括绘图、照相、工艺分析，作为恢复其历史原貌的重要依据和研究资料，注意取得文字和图像两套资料。

三、密封册的修复与仿制

（一）修复过程

对密封册的外观破损、断裂及杂乱部分的研究整理复位。

首先对密封册原件以软质羊毛刷轻轻拂去表面的浮尘，对于外观破损、断裂及杂乱部分进行修复和整理复位。

除尘工作结束后，采用对脱出或断裂的丝线、金线判明位置关系后逐根整理复位，对破损和断裂的丝线采取应用6%的聚乙烯醇缩丁醛乙醇溶液粘固的方法使其复位。

（二）仿制密封册

1.绕编工艺研究

（1）分析绕编纹样结构

白塔寺密封册单面编结组成大致分为三部分：中间是在彩色蚕丝线依次排列的背景上，穿编出金色佛塔纹饰，丝线为"Z"捻、投影宽0.30～0.45毫米，

图九　原件的四方连续单位

图一〇　四方连续小样的编结图示（未压编金线）

图一一　四方连续小样的编结

金线排列共346圈；左右两侧各绕编出19×5个立体方形图案，应用红、蓝、绿色系十六种合股彩色蚕丝线缠绕相互依次叠压构成，外围再压编多层绿色系和蓝色系彩线，丝线均为"Z"捻，直径0.15～0.20毫米。密封册正背面编结纹样相同，总共有正方下凹形纹饰380个，应用彩色丝线529根，1635圈；同时编绕金线41根，369圈，计2004圈。

从密封册四周立面的绕线间隙观察，可见内封叠的一叠叠纸张裸露边棱上有墨书文字痕迹。密封册四角边棱裸露层层叠纸用黑色大漆涂封。

（2）绘制出密封册成组纹饰的单位结构图

依密封册正、反两侧正方下凹纹饰研究分析相互叠压关系示意图，试绕编出四角最外侧的四方连续小样，4格（132条线）×4格（132条线）获得8.8×8.8厘米，厚1.2厘米四方连续小样，与文物原件比对结构相同（图九、一〇）；

（3）试编小样（图一一）

（4）依试编小样绘制数字编结工艺图

①密封册最底层彩线的编结图示

最底层彩线的编结，通过观察研究得出原件采取的是先纵后横的叠压关系，而且这一规律自始至终均如此（图一二～一四）。

②密封册第一层彩线的编结图示

第一层彩线的编结，按照原件红、绿、蓝三色系彩线分布规律，紧贴最底层彩线左右两侧进行编结，叠压关系仍是先纵后横（图一五～一七）。

③密封册第二层彩线的编结图示

第二层彩线的编结，按照原件红、绿、蓝三色系彩线分布规律，紧贴第一层彩线左右两侧进行编结，叠压关系仍是先纵后横（图一八～二〇）。

④密封册第三层彩线的编结图示

图一二 最底层彩线图

图一三 以左上部为例最底层彩线为先纵后横5×5方连续 彩线叠压关系

图一四 以左上部为例最底层彩线放大为四方连续彩线叠压关系为先纵后横

图一五 底层和第一层彩线

图一六 第一层彩线 5×5方连续 彩线叠压关系为先纵后横

图一七 第一层彩线 四方连续 彩线叠压关系为先纵后横

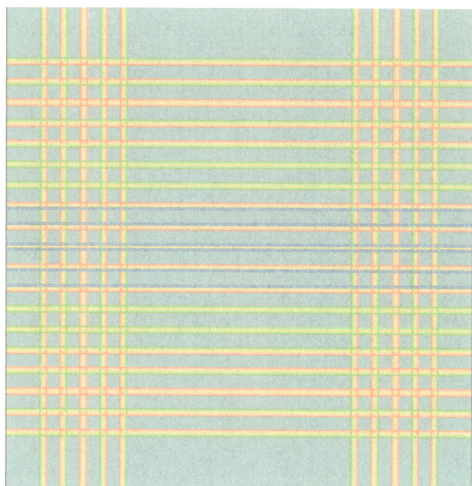
图一八　底层、第一、二层彩线

图一九　第二层彩线 5×5方连续　彩线叠压关系为先纵后横

图二〇　第二层彩线　四方连续　彩线叠压关系为先纵后横

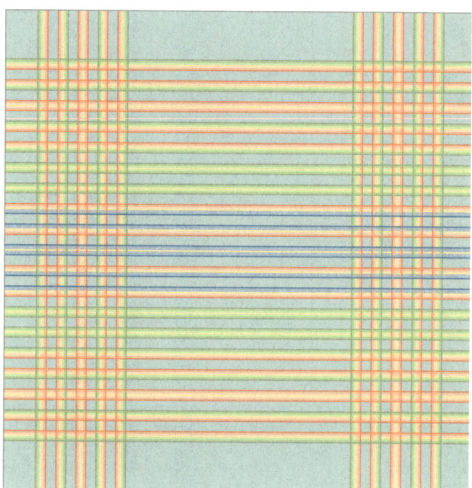
图二一　底层、第一、二、三层

图二二　第三层彩线 5×5方连续　彩线叠压关系为先纵后横

图二三　第三层彩线　四方连续　彩线叠压关系为先纵后横

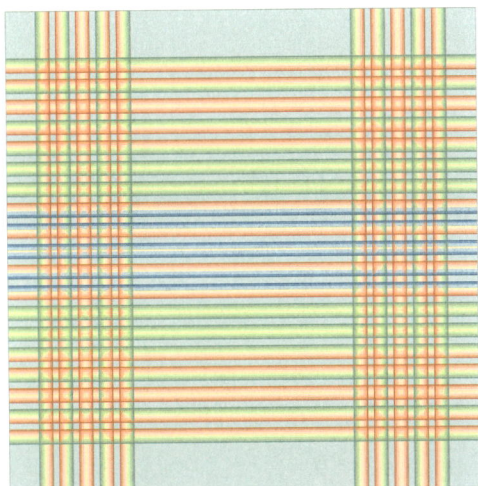

图二四 底层和第一、二、三、四层彩线

图二五 第四层彩线 5×5方连续 彩线叠压关系为先纵后横

图二六 第四层彩线 四方连续 彩线叠压关系为先纵后横

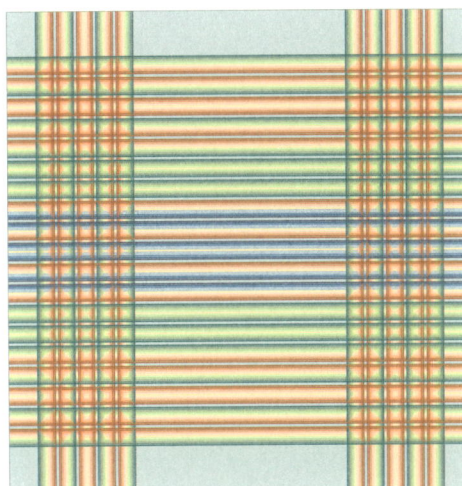

图二七 底层和第一、二、三、四、五层彩线

图二八 第五层彩线 5×5方连续 彩线叠压关系为先纵后横

图二九 第五层彩线 四方连续 彩线叠压关系为先纵后横

图三〇 底层和第一、二、三、四、五层彩线

图三一 第五层彩线5×5方连续及外压金线及外压金线彩、金线叠压关系为先纵后横

图三二 第五层彩线四方连续及外压金线　金线叠压关系为先纵后横

第三层彩线的编结，按照原件红、绿、蓝三色系彩线分布规律，紧贴第二层彩线左右两侧进行编结，叠压关系仍是先纵后横（图二一～二三）。

⑤密封册第四层彩线的编结图示

第四层彩线的编结，按照原件红、绿、蓝三色系彩线分布规律，紧贴第三层彩线左右两侧进行编结，叠压关系仍是先纵后横（图二四～二六）。

⑥密封册第五层彩线的编结图示

第五层彩线的编结，按照原件红、绿、蓝三色系彩线分布规律，紧贴第四层彩线左右两侧进行编结，叠压关系仍是先纵后横（图二七～二九）。

⑦密封册第五层彩线外金线的编结图示

第五层彩线外金线的编结，按照原件金线分布规律，在第五层红、绿、蓝彩线间进行编结，叠压关系是先纵后横（图三〇～三二）。

⑧密封册第五层彩线和金线外蓝、绿边框的编结图示

第五层彩线和金线外蓝、绿边框的编结，按照原件蓝、绿边框分布规律，在第五层红、绿、蓝彩线和金线外进行编结，叠压关系是先纵后横（图三三、三四）。

⑨密封册中金塔的穿编图示

密封册中金塔的穿编是待编好两侧和外框后，按照原件观察绘图环绕穿编。因塔为对称图形，穿编时采取了双根同时穿编，从两侧向中间穿编的方法。最后用刺绣的方法完成塔中图案（图三五～三八）。

2.复制过程

（1）仿编密封册内芯的制作

选用质地较轻的毛边纸折叠，上下两面选3毫米厚纸板，加捆绢带固定。观察原件暴露部分研究

图三三 底层和第一、二、三、四、五层彩线及外压金线和外围边框

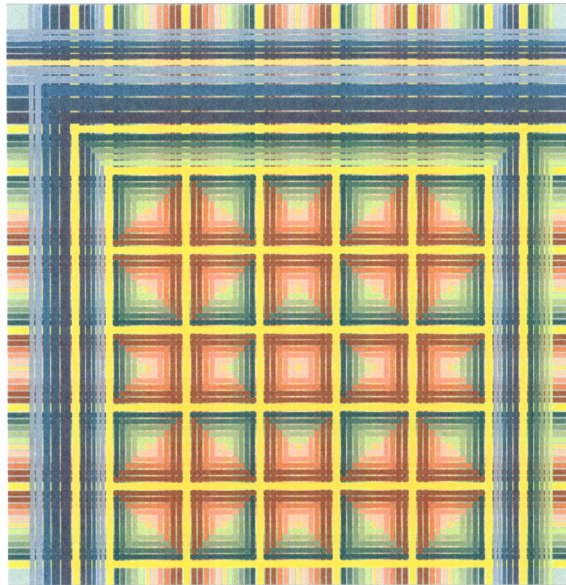

图三四 第五层彩线和外围金线、边框5×5方连续 彩线叠压关系为先纵后横

图三五 正面

图三六 背面

确定了毛边纸的折叠方法（图三九~四三）。

（2）密封册编结仿制过程

①密封册左右两侧连续正方形下凹纹叠压关系图。叠压方纹正反相同、左右对称。以右侧为例：横5格×纵19格，初步明确各个方格之间的连续关系。纵19格（209条线，627圈）×横5格（55条线，165圈）。横、纵均呈环状贯通左右及上下均同时按先纵后横的叠压关系编结而成（图四四~四七）。

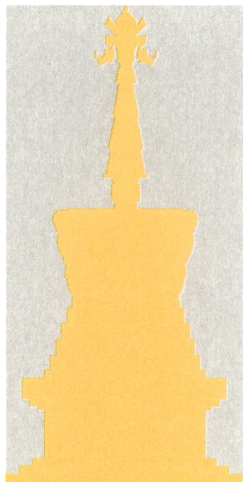

图三七　塔图示

图三八　塔中图案图示

研究原件线头的处理方法，是将线头夹藏在册体的纸缝中，采取缠绕的方式每色缠绕三圈，再夹藏结尾的线头。

缠绕过程中发现缠绕好的丝线即使在绷紧后仍会出现丝线移位的问题，需要对使用丝线进行防滑处理。在选择丝线的防滑剂上试验了多种方法，既要解决丝线的移位问题，又要不影响编结所用丝线的光泽和色彩。经实验选用的粘固剂6%聚乙烯醇缩丁醛乙醇溶液、3%聚乙烯醇缩丁醛乙醇溶液、小麦淀粉糨糊稀释后制成的浆水、石花菜水、白芨浸泡溶液的比对实验中得出：6%聚乙烯醇缩丁醛乙醇溶液、3%聚乙烯醇缩丁醛乙醇溶液使用不当会出现泛白现象，影响整体颜色；小麦淀粉糨糊稀释后制成的浆水会使丝线僵硬；石花菜水使用后多次摩擦防滑效果减弱。对比多种防滑剂后，确定使用白芨浸泡溶液来处理丝线最理想。绕编蚕丝线的预处理是用50克白芨加300毫升蒸馏水经8小时以上时间浸泡后过滤使用。具体方法为先用脱脂纱布浸入白芨液中完全浸湿后取出，稍加按压，用全湿态（无滴液）的纱布均匀夹住待处理丝线，将线捋湿后晾至半干使用。

②格子中编结的金线按其叠压关系绘图。同样也是横、纵均环状贯通编结（图四八、四九）。

③外围叠压的绿色和蓝色彩线按叠压关系绘图。同样也是横、纵均环状贯通编结。

④密封册正反两面的中间，是用金线穿编而成的白塔图案。按照每一条金线和每一条彩线的交结点为一个单位，绘出白塔的穿结图示，从而得到白塔为

图三九　原件露出纸质部分

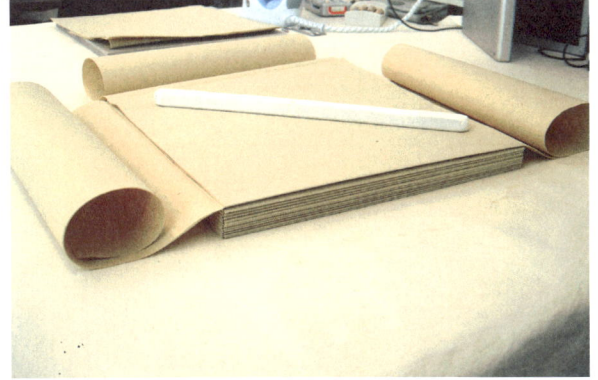

图四〇　折叠毛边纸

图四一　折叠毛边纸边角

图四二　折叠后的毛边纸和上下夹板

图四三　折叠后的毛边纸和上下夹板用斜绢带扎固定型

图四四　左右两侧彩格的编结过程：1

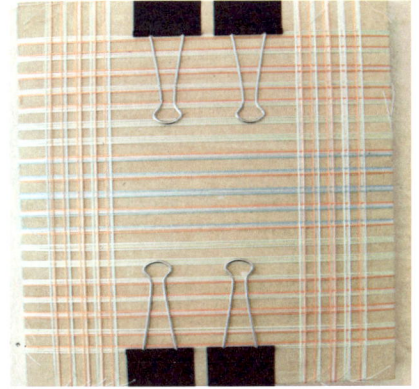

图四五　左右两侧彩格的编结过程：2

图四六　左右两侧彩格的编结过程：3

图四七　左右两侧彩格的编结过程：4

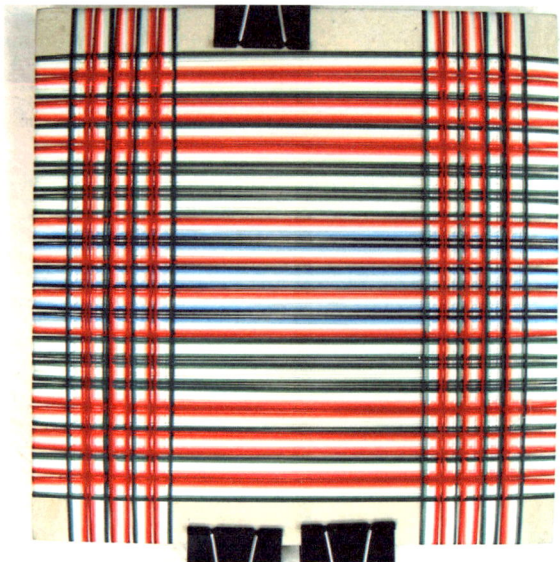

图四八　格子中金线的编结过程：1

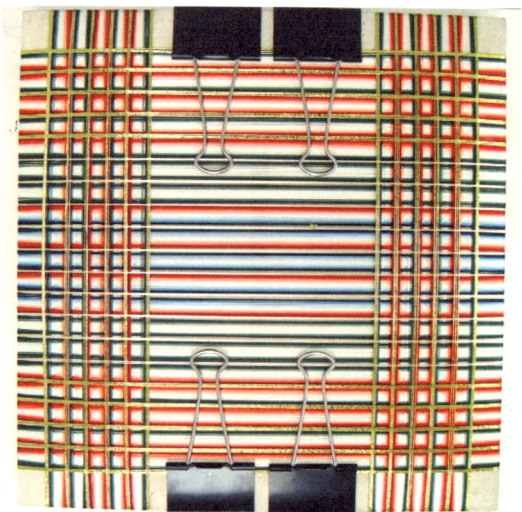

图四九　格子中金线的编结过程：2

图五〇　穿编金线（双根穿编）

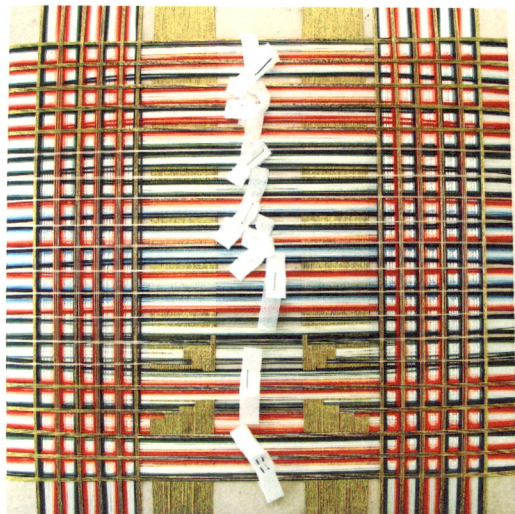

图五一　左右对称穿编呈现对称图形

图五二　白塔编结完成

图五三　梵文"啊"的穿结过程

左右对称结构，故而选择双根金线从中间同时穿结后，再分列两侧的方法进行穿结。

穿结中央白塔时金线的穿结拉动，对已编结完成的彩色丝线的扰动的解决办法是以1厘米宽纸带按照金线的穿结图逐个绑定,穿结时提起纸带(类似织机中的提综),既解决了穿结白塔时金线对已编结完成的彩色丝线的扰动，也提高了穿结的速度，还最大程度减少因与丝线穿磨对金线金箔的磨损（图五〇～五二）。

穿结在白塔塔身上的梵文字母汉语译音读"啊"，因其比较细小，采用针带线穿结法完成（图五三）。

四、总　结

在对密封册的修复保护研究过程中，叠压关系图的正确绘制和复制品的绕制是这件文物修复研究工作的重点和技术难点。

由于密封册与乾隆十八年（公元1753年）装藏入塔到1978年清理出塔历经寒暑，无论是内心的纸制品还是丝线和捻金线都不同程度受到了损伤，并且在出塔后的近三十年中多次展览、移库和没有温、湿度调节条件的库房保存中

图五四 修复后正面

图五五 修复后背面

图五六 修复前局部

图五七 修复后局部

图五八 修复前局部

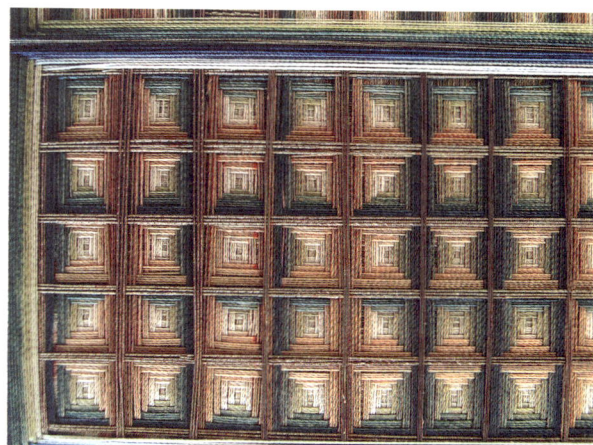

图五九 修复后局部

图六〇　修复中工作照

受人为的物理损坏，造成部分丝线、捻金线的扰动和断裂。因此就必须在把丝线、捻金线小心的清洁除尘后，研究其结构特点，按原位重新固定，再进行叠压关系图的绘制。丝线和捻金线的固定，选用了可逆的粘固剂6%聚乙烯醇缩丁醛乙醇溶液（图五四～六〇）。

在叠压关系图的制图时先绘出单位结构图，再绘出四方连续叠压关系结构，后按图绕制复制品，与原物相互验证无误。

鉴于文物原件已经在多次展陈中受损，色彩因光照原因褪色，大不如前。建议在今后的展览中要更多防止使用不当光源，以免造成文物褪色。

明代缂丝加绣质疑

贾 汀 /首都博物馆文物保护修复中心

一、简要描述

2004年末，我有幸随王亚蓉老师及首都博物馆文物修复中心纺织品保护研究工作室同事到了嘉德公司。王老师受邀为他们两百余件纺织品文物进行鉴定及词条编写，借此工作之机，我们协助工作并观摩学习。

明万历红地缂丝彩绣云龙纹袍料（原定名）便是其中的一件文物。此袍料看上去为一件非常精美的缂丝加绣的明代龙袍残片，规格为71厘米×108.5厘米。经王老师鉴定后提出质疑，进一步研究发现，实为以往从未被世人发现的一个新的绣种，最后将这种工艺定为纳绣类工艺中的缠纱绣。

这件绣作最后入藏首都博物馆，我们在这件藏品的保护和研究中，可说是受益匪浅，现将认识和记录介绍如下：

（一）形制结构

朱砂红色底，由七块残片缝合而成（图一）。上方左右角拼片为洒线绣加彩线平绣。各有云龙纹局部，龙鳞刻鳞方法为每个鳞片下钉十字粗线，使金线呈凸起效果。龙身盘金线边缘部分绒线下垫有细灯芯草，呈现凸起效果，使边缘轮廓分明。其他残片为罗地缠纱绣，上有绒线平绣花纹，分别为云龙戏珠、海水江牙、花卉和杂宝等。龙纹制作方法与上方两角拼片一致。缠纱断经后花纹产生仿缂丝效果。

缝纫形制数据情况如下：

缝纫形制数据表

上宽	下宽	左侧长	右侧长	中缝长	下摆长
60.5厘米	71厘米	106.5厘米	106厘米	108.5厘米	71.5厘米

金线投影宽	丝线投影宽	灯芯草投影宽	刻鳞衬线投影宽
0.04厘米	0.05厘米	0.025厘米	0.1厘米

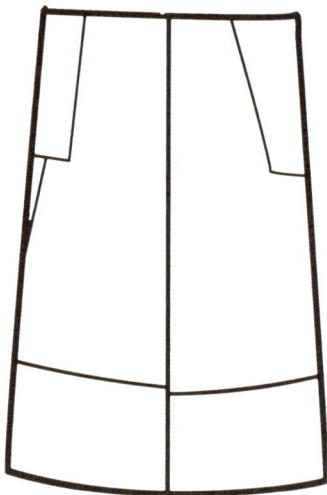

图一 结构示意图

（二）丝质材料

此袍料用料上乘，罗地以生丝作经，彩色熟丝作纬，并用熟丝织绣。丝质柔韧光亮，色彩艳丽。《天工开物·乃服第二·熟练》卷中有这方面的记载："凡早丝为经，晚丝为纬者，练熟之时，每十两轻去三两。经、纬皆美好早丝，轻化只二两。"[1]煮练后方成熟丝，在煮练过程中茧丝外层的丝胶水解，重量减轻，剩下的丝素，染上颜色鲜艳，光泽而柔和。据明谢肇淛《吴枝乘》所记："……绵以两蚕作茧者为'同功绵'，值即倍常。其丝以三茧抽者，为'合罗丝'，岁以充御服，士庶家不得有也。"从此记载可知，御用袍服非一般丝所织。在此更加映证了史料的记载。

（三）织绣工艺

从刺绣的角度来看可谓技艺精湛，色彩华美。底料为特织的纱罗织物，绞经为生丝合股衣线，纬线为熟的绒线无捻。整件作品采用衣线、彩色绒线、金线等绣线，并以打点、盘金、圈金、平绣、斜缠和加针绣等多种针法绣出纹饰，更显层次变化，凸凹有致。

其中的两块袍料残片地纹用穿（戳纱）针法满绣菱形纹，即为"洒线绣"又称"穿丝绣"（图二）。明代刺绣以洒线绣最为新颖突出。洒线绣用双股合捻线，按方孔纱的纱孔戳纱完成，以几何纹为主，或配以铺绒主花。洒线绣是纳绣工艺，早期作品记载为"洒线绣"，属北方绣种。定陵出土明孝靖皇后洒线绣地蹙金龙百子绣女夹衣[2]是明代的精品，为洒线绣的典型实例。由此可见，明代出现了整件衣服满刺绣的现象，说明经历朝不断发展，刺绣工艺作为装饰服装的手段，到明代已达到了登

图二 洒线绣

峰造极的水平。

其它拼片均以罗地绒线斜缠为地，加绣平绣纹样及盘金龙纹。此地料与以往大有不同，也是本次保护研究工作中一重要发现。下文将作详细介绍。

（四）纹样特征

该袍料虽为多块拼缝而成，但图案纹饰工整对称。上绣出云龙戏珠图案，下为江牙海水并衬以花卉、杂宝等图案。整块绣片尤以云龙图案最为突出。龙纹粗壮有力，身体及五官集中了各种动物的局部特征。龙嘴张开，发与肘毛富于装饰性，明代之龙毛发直竖上卷，展示出鲜明的时代特征。

二、提出质疑

这件袍料之前一直被定为缂丝工艺，由于整件绣饰纹样都有缂丝的显著特点——"缂口"，以至于"骗过"了众多内行的眼睛。在鉴定现场，王老师对这件残片观察良久后提出质疑，为什么本是"通经断纬"的缂丝，在这件作品上却是"通纬断经"？这在织造工艺上是无法完成的，经研究鉴定发现其织绣方法与缂丝大相径庭。这是一件通体采取刺绣工艺仿缂丝效果的高档刺绣珍品，对刺绣颇有研究的老师为发现一新的刺绣工艺欣喜不已！这一发现大大地激发了王老师和我们的兴趣，引发了我们一系列的探索和研究。

三、比较研究

（一）比较纳绣

该袍料虽为拼制而成，但底料均为粗罗织物，满地纳绣并形成缂丝效果，不同残片在纳绣技巧上又略有不同。经比较证实为不同的两件衣物残片。一为洒线绣底，上文已介绍，这里不再赘述。另一种为缠纱绣。这便是在王老师先质疑后进一步研究下发现的又一新绣种。

就工艺来说，纳绣工艺分为纳纱、戳纱和缠纱，均以纱罗组织为地，利用不同运针方法刺绣而成，在概念上经常被世人所混淆。现在让我们一起来认识一下这几种不同的刺绣方法。

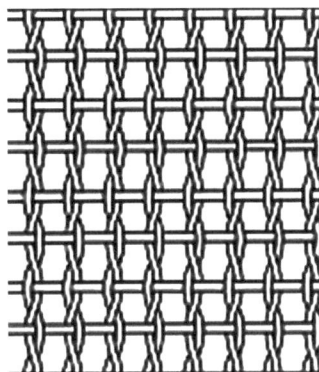

图三 二绞经罗示意图

1. 绣地纱罗结构

纳绣是均采用纱罗组织织物。纱罗织物仅纬线相互平行，两组经线（绞经和地经）相互纠绞，织造时地经不动，绞经（也叫纠经）受到向的操纵，时左时右，形成开口与纬线交织。这种组织有较大的孔隙，谓之纱孔。根据经线不同的排列变化，一般又有二绞、三绞和四绞罗之分。有素罗也有多种形式的花罗。纳绣地料普遍采用二绞纱罗结构织物（图三）。

2. 纳绣工艺之——戳纱

戳纱以纱罗织物为地料，用色线依纱孔穿绣完成（图四）。绣线在纱孔间可做长短不同的处理，花纹形状多呈上下左右对称，多表现方胜、万字和菱形等几何纹样。

3. 纳绣工艺之——纳纱

纳纱也叫"打点"、"斜一丝"或"一丝串"，方法与戳纱相似。用纱组织或较粗平纹组织的织物为地料，依纱料每一个经纬交点环绕一针，构成纹样（图五），满绣、不露地，绣成效果极为牢固、致密，是绣荷包的常用针法，盛行于清中期。

4. 纳绣工艺之——缠纱

缠纱以纱罗组织为地料，依纱孔绒线斜缠于上下两根纬线之上，依次递进而上。花纹处绒线横向缠绕单根纬线，两纬线间之经线断开，形成横向开口（图六）。

图四 戳纱绣及针法示意图　　　　　　　　图五 纳纱绣及针法示意图

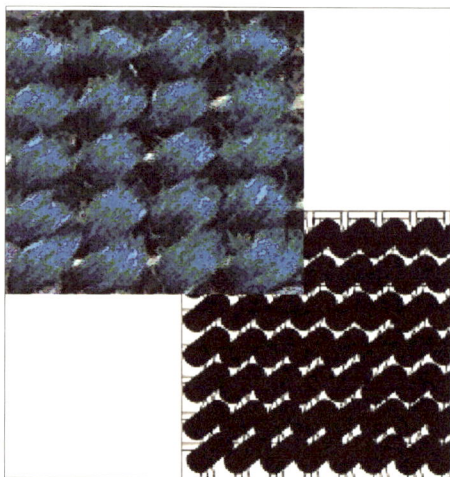

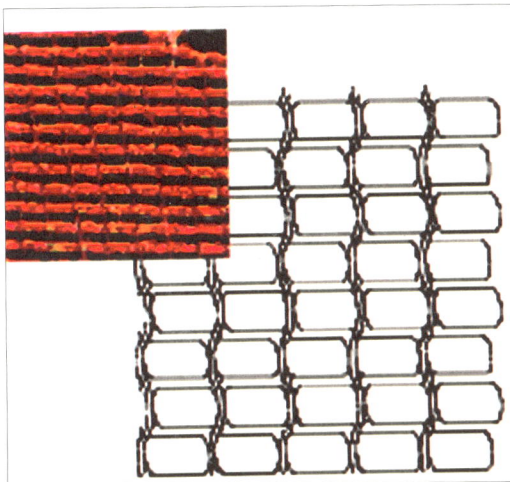
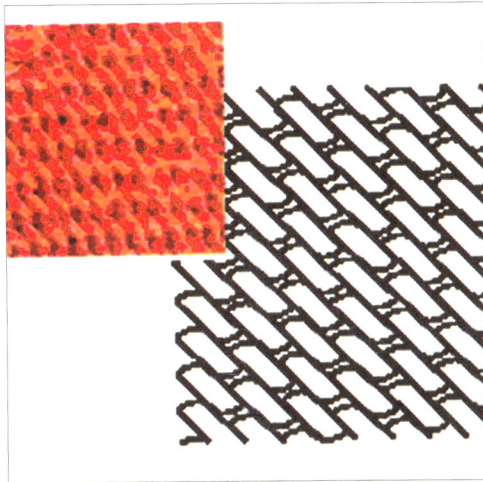

正 面   背 面

图六 缠纱绣及针法示意图

图七 缂口   图八 缠纱开口

（二）比较缂丝

1. 缂丝

缂丝，又叫刻丝、克丝、刳丝、刻色作和刻丝作，是一种平纹织造的通经断纬织物。织造时，经线是合股的，纬线是依设计分色用小梭子挖织分色织成。织物两色交界呈现无数经向断开的裂隙，故名缂丝。

2. 缂丝与本品比较

本残片缠纱绣以特织二绞纱罗为地，其两色交界处采用较粗绒线横向缠绕单根纬线，且缠绕紧密，开口大小由不同纹样处理而定。两断口之间及无花纹之处绒线过经线，斜缠于纱孔上下两根纬线之上，依次递进而上，便形成了仿缂丝的效果。最为明显的区别就是缂丝为纵向缂口，即"通经断纬"（图七），而缠纱为横向缂口，即"通纬断经"（图八）。

图九 明代龙纹袍料图

四、结　语

明万历红罗地缠纱加绣云龙纹袍料（图九）为罗地缠纱绣，加绣平绣纹饰，并非以往认定之缂丝。通过对制造工艺的深入研究，使我们的修复工作以及修复手段能够有的放矢，行之有效。我们如今虽然只发现了这一块残存袍料，但由此不难想象这等工料缝制的龙袍是何等的精美华贵。在我们感叹于精工佳作绚丽的同时，更深深地感慨那九五之尊的无上权威。《天工开物·乃服·龙袍》中关于龙袍的织造有一段生动的记载："工器原无殊异，但人工慎重，与资皆数十倍，以效忠敬之谊。"[3]如此精湛的织绣工艺不得不令世人唏嘘折服！

注　释

(1) 宋应星：《天工开物·乃服第二·熟练》第101页，中国社会出版社2004年10月第1版。

(2) 孙佩兰：《明定陵出土刺绣百子衣的鉴定报告》，《定陵》（上）第353页，文物出版社1990年5月出版。

(3) 宋应星：《天工开物·乃服第二·龙袍》第102页，中国社会出版社2004年10月第1版。

（此文原载《文物修复研究》第4辑，第164～166页，民族出版社，2007年10月出版）

明定陵孝靖皇后百子衣研制报告

傅 萌 /首都博物馆文物保护修复中心

首都博物馆因新馆陈列需要，得到十三陵特区批准，新复制了定陵出土编号J55：1孝靖皇后绣百子暗花罗方领女夹衣一件。

此次重新复制，我们以定陵出土的文物原件照片为依据，并参考了苏州刺绣研究所于20世纪80年代绣制的原复制品。

我们以原件照片为基础，缺失不清的地方参考《定陵》报告记录的文字、绣百子暗花罗方领女夹衣J55：3纹饰图和孝靖皇后绣百子暗花罗方领女夹衣J55：1复制品。对于人物服饰、造型则参考同期的书画、陶瓷等传世文物上的形象，对纹饰做了比对修正，力求符合原件精髓。

此次复制的原则是服装的刺绣、剪裁、缝制等制作工艺，力争完全按照原件采用传统方法制作，绣线除定染桑蚕真丝线外，还特别自制了龙抱柱线、孔雀羽线等特殊用线，但纱罗、绣线、金线等用量较多的材料选用市场现有材料，不再另行制备。由于此次复制是为展陈需要，因此色彩在采取传统复原方式制作完成后不做旧。

一、材料制备

（一）纱 罗

百子衣原件绣地为二经绞方目纱，密度为14×17根/平方厘米[1]，原复制件经线投影宽0.010厘米，纬线投影宽0.015～0.020厘米。

新复制件用料选择购买白色真丝二经绞方目纱，密度为40×19根/平方厘米，经线投影宽0.010厘米，纬线投影宽0.015厘米，染为红色。

原复制件里料选用牡丹串枝花罗，密度为38×30根/平方厘米，经线投影宽0.010厘米，纬线投影宽0.025厘米。

新复制件里料选择的是红色牡丹纹实地透花纱罗，密度为40×31根/平方厘米，经线投影宽0.010～0.015厘米，纬线投影宽0.020～0.030厘米。

（二）绣 线

百子衣所用绒线、衣线、丝线等不同种类的绣线共计二十多种颜色。原件所用绣线多为植物染料染色，色彩沉稳自然。此次新复制受到条件限制，不能完全依照传统方法染色，但尽量染成古朴自然的颜色，同时依照这次复原复制的原则，保持其色彩的新鲜，不追求出土时的色彩做旧。

绣线色彩的选取以洒线绣地子所用红色捻线颜色为基准。考古报告记录百子衣用"红、蓝、绿、黄、白等二十余种正色为主"[2]，根据此记载，同时结合古代传统染色材料所出红色，先将绣地的衣线颜色确定，以此为基准染成其余色彩，包括朱红、枣红、木红、水红、粉红、浅蓝、普蓝、藏青、艾绿、黄绿、茶绿、孔雀绿、中黄、驼黄、秋缃、驼灰、浅褐、月白、肉色和牙白等颜色。

百子衣原复制件绣线合股线投影宽0.050厘米，新复制件洒线绣采用投影宽0.050厘米的合股线。

（三）金线

百子衣为孝靖皇后随葬品，上面绣有大量金色纹饰以呈现富丽堂皇的效果，主要用于盘绣龙纹和勾勒图案轮廓，有堆金、圈金和蹙金三种工艺。根据这三种针法的特点，百子衣选用的主要是捻金线，又称圆金线，制作工艺复杂，需要经过打纸、做粉、背金、担金、熏金、砑金、切金、做芯线、搓线和摇线等多道工序才能完成。百子衣原件选用的金线投影宽0.030～0.035厘米[3]。

新复制件选用的金线投影宽为0.035厘米，S向捻，捻回每米1000回。

（四）孔雀羽线

孔雀羽线选用产自云南的绒毛整齐、长短适中的孔雀尾羽毛羽小枝，芯线选用与雀羽同色的丝线，将尾羽小枝首尾系扣连接约1米长，一端固定（传统方法是用牙叼咬），一端与丝线合股相连握于一手中，另一手持丝线，双手同时向同一方向捻动，使雀羽均匀缠绕在丝线上（图一～图三）。缠好的羽线剪断接头和多余绒毛备用。

（五）龙抱柱线

原复制件龙抱柱线投影宽0.030厘米。龙抱柱线制作方法与孔雀羽线的做

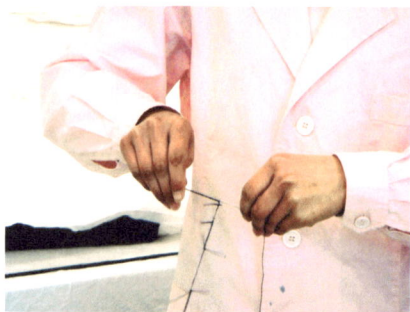

图一 制作孔雀羽线　　　　图二 孔雀羽线的半成品　　　　图三 孔雀羽线成品

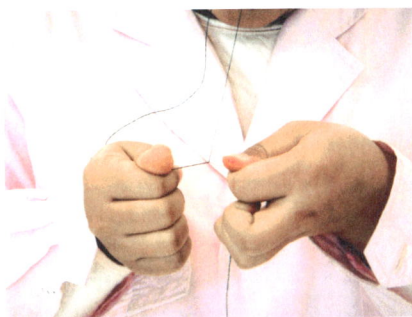

图四 制作龙抱柱线

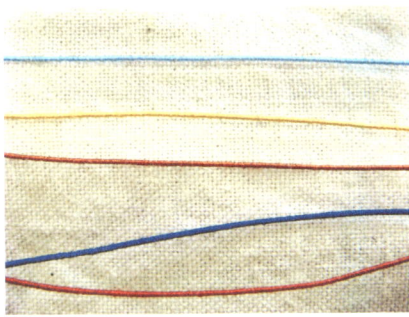

图五 龙抱柱线成品

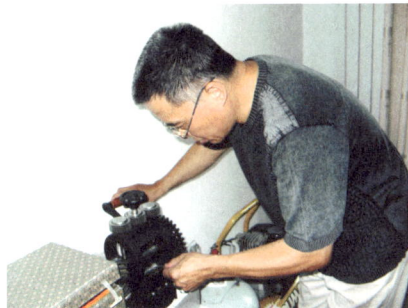

图六 压制银片

法相似，是以粗细适中的丝线为线芯，一端与同色绒线合股相连，芯线一端固定，双手各持合股一端和绒线一端，同向捻绕而成（图四、图五）。与孔雀羽线不同之处在于绒丝基本是平行的圈圈相靠，绣工在绣制过程中往往是边绣边依需要自己捻制。

图七 錾刻成形

（六）纽扣制作

百子衣原件的纽扣为童子捧寿双搭扣，用黄金手工打造而成，新复制件采用的是纯银镀金手工制作。

首先用机器将银锭反复压成极薄的银片（图六），在银片后面按照1∶1比例绘制图案，再选取不同大小的錾子按纹饰要求錾刻（图七）。

将錾刻好的银片背后贴焊一块厚银片，整体打磨光滑后镀金，再镶嵌红色珊瑚。整个过程均为手工完成。

二、剪裁

百子衣主体分为左右两片（图八），布料幅宽不够时拼接，这种正是中国传统服装剪裁方式。

百子衣的款式属于典型的明代女式上衣。这种款式服装的特点是短款对襟，有收腰，下摆呈圆弧状；袖展很长，袖子向下逐渐加宽呈灯笼状，袖口下端缝合，开口较小；两肩部至下摆向内折一道褶，褶皱大部分缝合，仅余肩部熨烫服贴。此种上衣首都博物馆馆藏北京南苑苇子坑明代夏儒夫妇合葬墓出土衣物中可以见到相似款式[4]（图九）。肩部的设计使得穿衣人在双臂抬举活

图八 百子衣新复制件剪裁图

百子衣新复制件剪裁尺寸如下：

衣 长	袖 展	中腰宽	襈 宽	翘 高	开叉长
71厘米	165厘米	53厘米	81.5厘米	5厘米	20厘米
领 围	领 高	袖口围	袖 宽	掩襟长	掩襟宽
38.5厘米	3.5厘米	76厘米	47厘米	44.5厘米	4.5厘米

图九 明代夏儒夫妇合葬墓出土的女式上衣

动时褶皱收放自如，袖展与两手腕相齐，不影响手臂行动；双臂垂下时褶皱打开，袖展变长，两袖显得飘逸潇洒。

定陵出土的大部分女式上衣的领口都呈长方形，是由一条绣片折叠缝制而成（图一〇、图一一）。相同领口可以在定陵出土绣龙补双面绒方领女夹衣J82：2（图一二）[5]、绣"祝寿"补织金妆花纱女夹衣J55：2（图一三）见到[6]。

图一〇
百子衣新复制件衣领

图一一　百子衣新复制件衣领剪裁图

图一二　绣龙补双面绒方领女夹衣J82：2

图一三　绣"祝寿"补织金妆花纱女夹衣J55：2

三、刺绣针法

百子衣是全部纹饰和地子满绣完成的一件富有"多子多福"寓意的吉服。衣面使用二经绞方目纱为地料，其上用戳纱法满绣四方连续几何纹作绣地，明、清时，将这种工艺特称为洒线绣。绣衣面时，先在方目纱地上墨绘出纹样，用多种变化的针法刺绣龙、人物、花卉和山石等图案，再遍地施洒线绣几何纹为绣地。衣服通体精心施绣，针法复杂多样，用色艳丽明快。

洒线绣是百子衣使用面积最大的针法（图一四）。洒线绣是在绞纱地上有规律地依格穿绕绣花的方法。百子衣洒线绣以11×12个网格为一个单元，图案呈菱形，排列紧凑不露地。这种满地洒线绣不仅美观还能增加衣服面料的强度。洒线绣的遍绣处置工艺和纹饰的形式是明代贵族服饰上的一个特点，在很多明代流传的文物上还可以见到。首都博物馆藏一片明代绣片中有一部分绣地采用的就是这种洒线绣，且工艺完全一样，也是用朱红捻线绣成的以11×12个网格为一个单元的菱形图案（图一五）。

图一四 百子衣新复制件洒线绣

图一五 首都博物馆藏明代绣片洒线绣

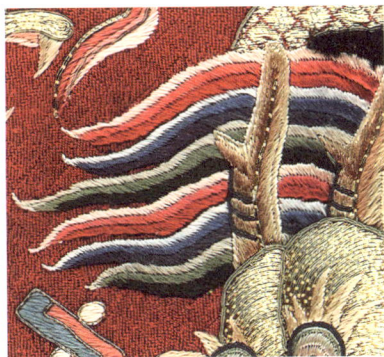

图一六 使用平针绣制的龙发

平绣的各种工艺是刺绣中最常用的针法，百子衣上也大量使用了平绣，其中平针是最基本的针法。如龙发（图一六）、山石直接绣平针，花叶、动物等都是先绣平针，再在图案轮廓上圈金勾饰轮廓。

戗针和掺针是平绣中常用的处置色彩的方法。戗针是用短直针脚按纹饰形状分层刺绣，绣出的花瓣层次分明，晕色效果好，装饰性强（图一七）。百子衣人物的面部和身体使用的是整齐排列的戗针，每排之间先钉一根横线，两排绣线分别跨过这根横线，这样绣出的作品界限清楚整齐，针脚均匀不重叠。掺针则是用长直针、短直针掺错运针，后一针起于前一针的中间，边口不齐，由里向外漫射。这种针法能把色与色之间烘染融和，有色晕效果（图一八）。

扣针是采用紧密的短针，沿着纹样边缘运针。扣针施绣使纹样边缘整齐如刀剪，隆起的针迹令纹样富有立体感。百子衣绣饰花朵和龙角等图案用扣针处理，这也是明代刺绣的独特手法（图一九）。

滚针的施绣方法是后一针起于前一针的二分之一处，针眼藏在前一个针脚下

图一七 使用戗针绣制的花瓣　　　　图一八 使用掺针绣制的花瓣　　　　图一九 使用扣针勾勒的灵芝边缘

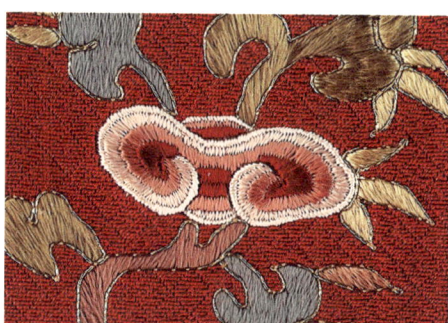

面，这样绣出的线条粗细匀称，衔接自然，表面效果如同一条合股线。百子衣中滚针用来刺绣植物的枝条（图二○）。

锁绣是一种古老的针法，早在西周就有应用，绣纹是由绣线圈套组成，装饰性强，线条弹性好，可以任意表现曲线。百子衣上卷曲的龙发就用锁绣表现（图二一）。

接针是锁绣针法的取巧形式，它的运针方法是后一针反转刺破前一针的尾部，将丝缕中分，如此往复，表面效果酷似锁绣。这种针法在百子衣中处理网圈和网柄（图二二）。

松针是按放射线状运针，丝线布列如半扇形或圆形，外线落针多在一圆周上，但收针都在同一孔内。松针通常用来表现松叶（图二三）。

打籽是在绣地上用线挽扣，结出环状结子。用打籽绣出的花蕊颗颗分明，生动富有立体感（图二四）。

铺绒网绣在百子衣上也运用较多，铺绒网绣是先用绒线在纱地上用平绣针法绣出均匀的地子，再在绒线地子上分步骤施网绣。百子衣上的网绣灵活富有变化，多用于表现小儿衣服纹样，有的小儿一人身上绣有三种不同的网格样式（图二五）。

人物身体和服装的轮廓主要用龙抱柱线圈钉。龙抱柱线勾勒轮廓清晰，可以卷曲用来表现细部，并且可以自由选择颜色搭配，富有立体感。图二六中的龙抱柱线不但用来勾勒衣纹，还用来表现人物的面部五官和手指。

百子衣的富贵华丽主要凭借了孔雀羽线和金线的运用。孔雀羽线呈孔雀绿色而有羽毛光泽，典雅深沉，施绣方法是将羽线由内而外按顺序盘钉绣出所需图案，每盘一道用同色丝线钉牢（图二七、图二八）。

图二〇　使用滚针处理的枝条

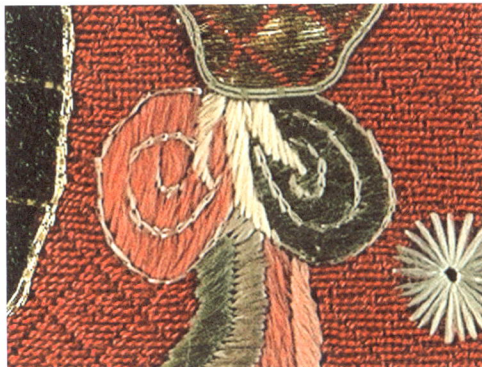

图二一　使用锁绣处理的龙毛

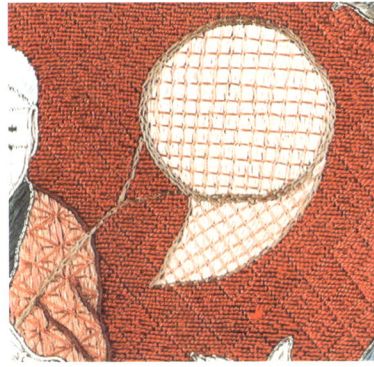

图二二　使用接针绣制的网圈和网柄

图二三　使用松针绣绣制的松叶

图二四　使用打籽绣绣制的花蕊

图二五　用三种不同网绣针法处理的童子服装

　　金线钉绣分为蹙金、堆金和圈金三种针法。蹙金又叫盘金、平金，是将金线或盘旋或曲折填充在图案轮廓内，用丝线钉缝。在百子衣中用来表现龙头、龙须、人物领缘和腰带等部位（图二九、图三〇）。

　　圈金是用单根或双根金线勾勒图案轮廓或线条（图三一），与龙抱柱线交替使用呈现出不同的艺术效果。

　　堆金是一种立体感较强的刺绣针法，方法是先在绣地上用粗棉线钉缝成十字，其上再盘绣金线，在金线上沿十字外框钉线，使金线呈现隆起的菱形。这种针法多用于表现鳞片（图三二），在明、清两代龙袍上多有应用。堆金与蹙金都要大面积的使用金线，使绣品呈现富贵华丽的效果。

图二六　童子面部、手部和衣纹轮廓用龙抱柱线勾勒

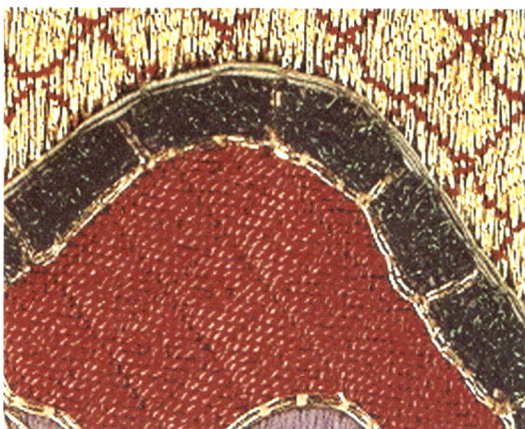
图二七　用孔雀羽线处理的龙腹

图二八　用孔雀羽线处理的童子帽冠

图二九　蹙金之一

图三〇　蹙金之二

图三一　圈金

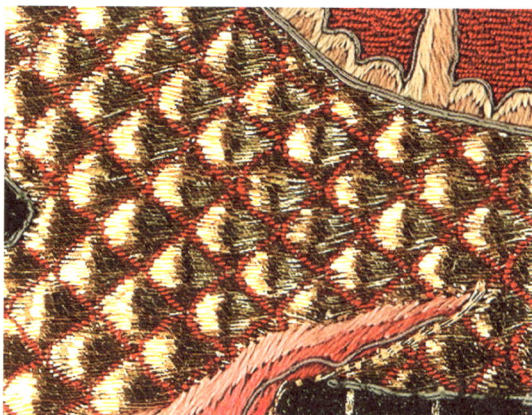
图三二　堆金

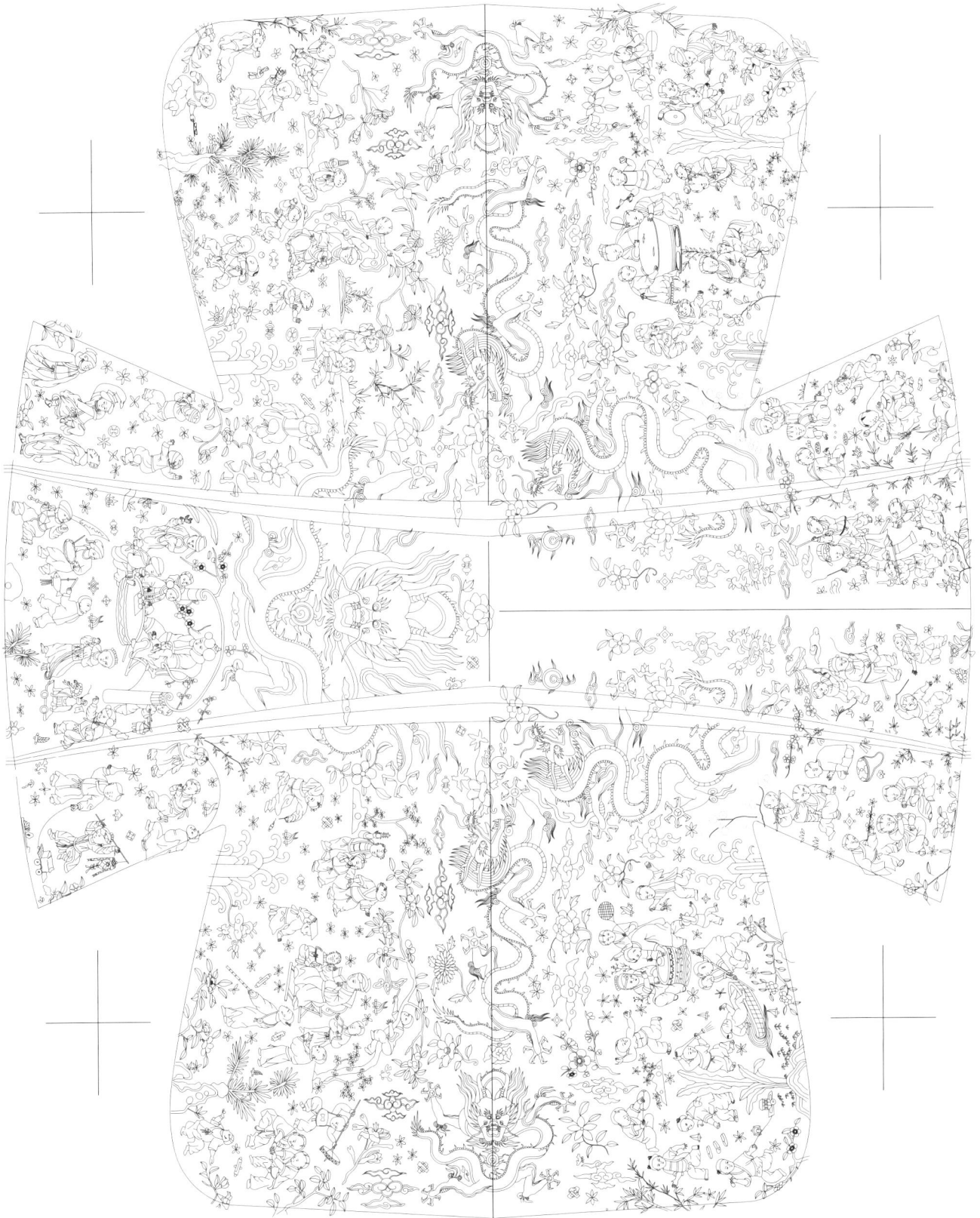

图三三 百子衣新复制件纹样图

四、刺绣纹样

百子衣属于明代晚期刺绣作品，主题儿童形象取材于传统婴戏题材绘画（图三三），其中孩童的服饰、活动都可以从宋代以来的婴戏图中看到，甚至有些是从宋画上照搬而来，这些题材一直延续到清代以后，并非明代特有。但人物造型与其他时期相比，又富有时代性。如儿童的前额、后脑比较突出，脸部较大，这一点与同时期青花瓷器的婴孩形象相同。百子活泼顽皮，不像清代婴戏画中成人化的儿童形象。

百子衣刺绣纹样选材取婴戏为主题，虽有"笙"、"瓶"（升平）、金盆浴儿等吉祥寓意内容，但主要还是有趣的市井儿童生活戏耍场景，既有摔跤、捉迷藏和跳白索等热闹的游戏场面，又有观鱼和小憩等祥和的生活描写，百子衣纹饰设计似一幅图说明代民间儿童生活百科。

图三四为百子衣的左前襟图，所绣内容为搏戏竹马、斗殴和推枣磨。左侧是四个小儿扮仪仗出巡，中间红衫带冠者骑竹马扮官员，右手扬鞭，前后各有一个青衫小儿随行，前者打旗并捧一水瓶，后者执伞，另外还有一绿衣小儿左手捧乐器吹奏，右手提一铃铛。小童吹奏的乐器应为笙，其形象虽然较笙小，

图三四 新复制件绣搏戏竹马、斗殴和推枣磨图

图三五　宋苏汉臣《秋庭婴戏图》（局部）

图三六　佚名《婴戏图》

但形状与笙相同，与前一孩童所捧水瓶含"升平"（笙、瓶）之意。

画面右侧上方两小儿玩推枣磨游戏，即用一个剖了一半的枣子作支架，再用细枝条两端穿两个枣子架在支架上而成枣磨，游戏时，谁能让枣磨保持平衡、转得久，谁就获胜。两小儿身旁各有一盘枣子，二人直视中间的枣磨，左侧小儿左手做拨弄状。这件玩具可以在宋代苏汉臣《秋庭婴戏图》[7]（图三五）和一幅佚名《婴戏图》[8]（图三六）中见到原形，另外，在定陵出土的绣百子暗花罗方领女夹衣J55：3左前襟有一个小孩独自在玩推枣磨。

右侧下方有两个小儿互相撕扯殴打，蓝衫小儿似占上风，红衫小儿奋力挣扎，一只鞋子掉在地上，后有一小儿劝架，画面充满动感。

图三七为图三四局部放大，三个儿童均着短衫，参考原件照片可以看出（图三八）[9]，蓝衣小孩衣衫敞开，里面是一件红色肚兜，肚兜外系腰带，而非原复制件中（图三九）腰带以上袒露，腰带以下才有衣服。再看小孩姿势，蓝衣小孩右腿立在红衣小孩两腿之间做挥拳状，后面一个孩童手捧果子劝架，这两个动作在原复制件中变为蓝衣小孩立于红衣小孩双腿之后，后面一个孩童空手做摆手状。我们在新复制件中将这两个动作加以改正。

《定陵》中将与红衫小孩背后的饰物类似者都称为长命锁。此类饰物在宋代以来众多《婴戏图》中都有出现，如宋代苏焯《端阳戏婴图》[10]（图四○）、

图三七 新复制件绣斗殴图

图三八 原件暗花罗方领女夹衣J55：1绣斗殴图

图三九 原复制件绣斗殴图

佚名《百子嬉春图》和《杂技戏孩图》等多幅绘画中都有佩带此物的孩童形象。这个佩饰既有长命锁，又有艾虎，或曰彩丝系虎。明代关于这个风俗的记载可见于《山堂肆考》："端午以艾为虎形，或剪彩为虎，粘艾叶以戴之。"[11]又《帝京景物略》："五日之午前……簪佩各小纸符，簪或五毒，五瑞花草。项各彩系，垂金锡，若钱者，若锁者，曰端午索。"[12]至清代《燕京岁时记》记"彩丝系虎"为："每至端阳，闺阁中之巧者，用绫罗制成小虎及粽子、壶卢、樱桃、桑葚之类，以彩线穿之，悬于钗头，或系于小儿之背。"[13]小说《金瓶梅词话》第五十一回中也曾提到"绒线符牌儿"、"解毒艾虎儿"[14]。在定陵出土两件百子衣中可以见到很多小儿佩饰并非锁形，而是各具形态，色彩不一。

图四一为百子衣的右前襟图，绣有博戏竹马、玩陀螺、戏风车和猜拳五组婴戏图。竹马一组与左前襟相对应，一童开道，一童骑马，一童执伞。左上一组小儿捻陀与右下小儿鞭陀都属于传统陀螺游戏，一为手捻，一为鞭抽。捻陀小童的前方放有一面鼓，这鼓的样式也是从宋代婴戏题材画中承袭而来，宋代佚名

《狸奴婴戏图》（图四二）[15]和明代仇英《临宋人画》（图四三）[16]中的小孩手下即有此款花鼓，明代一幅吴臣的《流民图》中可知鼓上系带可挂在脖子上敲击。左下一组两小儿猜拳，一红衣小童手拿风车驻足观看。

图四四为百子衣前襟左肩上的一组绣观鱼、玩鸟图。图中三个孩童围绕鱼缸观看，居中者头顶戴冠，下系抹额，手执团扇，体形胖硕，憨态可鞠。一儿手拿鸟形玩具回首张望。

回首小童（图四五）上穿袒胸肚兜，下穿长裤，裤外系一布围[17]。小童下身的打扮也可以在宋代诸多婴戏题材画中见到，如宋代李嵩《货郎图》（图四六）[18]中两小儿，一儿有裤、一儿无裤，都在腰间围一布片，无裤者可见布片侧面开口。这条布片应是小孩不穿裤子或穿开裆裤时所系的屁帘。原复制件中（图四七）此小童仅着肚兜和裤装，误将围布当作裤子的一部分。在新复制件中我们根据原件在小童裤外加了围布。

图四八位于前襟左袖，绣憩息和斗龟婴戏二组。憩息图中幼儿卧枕而憩，一手托腮，一手执扇，倦意绵绵。下面一组小童却充满活力，两小儿一人头戴抹额，一人背结彩丝，戏龟取乐，另一小童在后鸣金，铜锣用金线盘钉而成。这组画面动静结合，可爱异常。

图四九为绣观摔跤图。图中小儿衣衫均用铺绒网绣，选用朱红、茶绿、粉红、驼黄、秋

图四〇　宋苏焯《端阳戏婴图》

图四一　新复制件绣搏戏竹马、玩陀螺、戏风车和猜拳图

图四二 宋佚名《狸奴婴戏图》

图四三 明仇英《临宋人画》（局部）

绀和月白等色，间以驼灰、藏青和枣红等色，热闹不失古朴。

百子衣中很多儿童服装都运用了铺绒网绣，即常见书中记述的"铺绒纳锦"，如图四九中几个小孩的服装皆施网绣。施绣时先在图案轮廓内用长直针绒线铺地，再用同色系深色丝线交叉斜压绒线，之后在压线的交叉点上绣十字或米字形成各色几何花纹。

网绣一方面起装饰作用，和绒线地子、龙抱柱线轮廓在一个色系内形成图

图四四 新复制件绣观鱼、玩鸟图

图四五 原件暗花罗方领女夹衣 J55：1 绣观鱼、玩鸟图

案；一方面起压抛作用，密布的网格能避免绒线凌乱。由于这次复制是为展览需要，我们特别加密了网绣的网格增强装饰性，同时增加压抛作用更利于绣品的保存收藏。

图五○为绣捕蝶图。一儿以扇扑蝶，一儿手持荷叶逗引蜻蜓。图中扑蝶小孩的短衫由孔雀羽线绣成。

图五一为绣招蜻蜓、斗蟋蟀、沐浴图，与前襟左肩观鱼图相对应。两小儿聚于桌前斗蟋蟀，一孩儿拨弄，一孩儿举树枝观看，此小儿所戴帽饰也与观鱼图中一小儿相同，头顶戴冠，下着抹额，这同《红楼梦》中描写贾宝玉"头上戴着束发嵌宝紫金冠，齐眉勒着二龙戏珠金

图四六 宋李嵩《货郎图》（局部）

图四七 原复制件绣观鱼、玩鸟图

图四八 新复制件绣憩息、斗龟图

图四九 新复制件绣观摔跤图

图五○ 新复制件绣捕蝶图

图五一 新复制件绣招蜻蜓、斗蟋蟀、沐浴图

图五二 原件暗花罗方领女夹衣J55：1绣招蜻蜓、斗蟋蟀、沐浴图

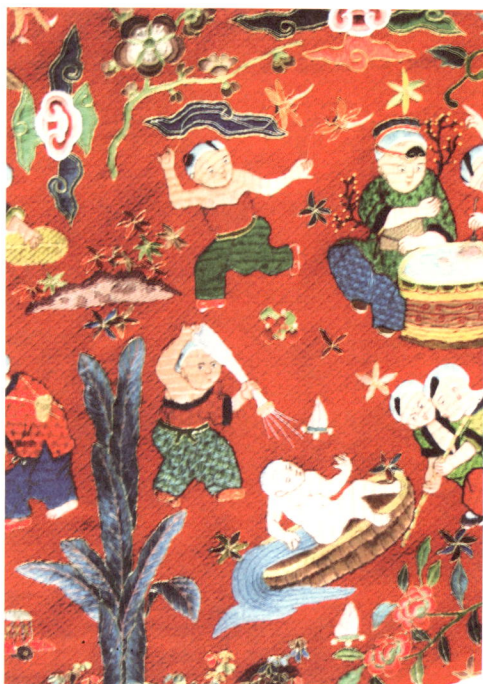

图五三 原复制件绣招蜻蜓、斗蟋蟀、沐浴图

抹额"[19]的装束相类似，是贵族子弟的常见装扮。百子衣中的儿童大多梳着勃角，尚未留头，戴冠者能够清晰见到月白色头皮，由此可知明代未开始蓄发的幼儿也是这种冠戴打扮。

古代婴儿沐浴有除秽辟邪之意，图五一的一组沐浴图中，一儿赤身洗浴，一儿持瓶浇水，还有两个顽皮小儿合力翘盆捣乱，绣制此景时我们特别注重刻画了四个幼儿的神态：持瓶者平和可亲，翘盆者顽皮得意，沐浴者惊慌失措。另外，持瓶幼儿的衣衫是一件袒肩长袍（图五二）[20]，此造型在明代佚名《货郎图》中曾有出现，而原复

图五四 新复制件绣蹴鞠图

图五五 原件暗花罗方领女夹衣J55：1绣蹴鞠图

图五六 原复制件绣蹴鞠图

制件中（图五三）则将长袍变为短衫，下着长裤。这次复制时我们仍将此儿衣
服绣为长袍。

图五四为绣蹴鞠图。蹴鞠早在春秋战国时期就已产生并一直流行，图中这
种无球门的散踢方式称作白打，主要是比赛踢球的花样和技巧。图中一儿戴皮
帽，穿皮靴，正抬脚踢球，两手臂亦随之舞动，旁边两童站立观看。

原复制件的儿童服装与原件较有出入（图五五）[21]。灰衣和红衣小童的
服装都是长马甲套在衣外，这种服饰在元人所画《同胞一气图》、明代吕文英
《货郎图·夏景》中有出现，而不像原复制件（图五六）中右侧一儿红衣外罩
绿裙，当中一儿则仅穿长袍，没有马甲，左臂上的马甲边被绣作领巾。另一小
童所穿的绿袍则为典型的明代交领袍，胸前为一方形补子，明代还有类似的圆

图五七　绣方补罗龙袍W370胸补纹样

图五八　绣四团龙补云纹绸交领夹龙袍W378

图五九 新复制件绣拉车、戏灯图

补服装，都可以在定陵出土文物中看见原型（图五七[22]、图五八[23]），而原复制件中此儿衣服则是大襟上大面积绣花，没有补子。在这三个儿童的服饰上我们的新复制件均依原件绣作。

图五九绣纹为拉车、戏灯图。戏灯小童的帽子是抹额的变化形样，顶部前后缝有一根带子相连，似头顶镂空的时髦小帽，这种形制在民国还可以见到实物，首都博物馆藏有与之相似的民国时期的童帽（图六〇）。

图六一绣弄伞、捻陀和提灯图。上方一红兜绿裤小儿耍伞舞蹈；下方小儿背悬彩丝系虎，左手托球，右手提灯，左顾右盼。

中间两童合力捻转纺锤形陀螺，《定陵》中记录此玩具为空钟[24]。据明代笔记《帝京景物略》中说："空钟者，刳木中空，旁口，烫以沥青，卓地如仰钟，而柄其上之平。别一绳绕其柄，别一竹尺有孔，度其绳而抵格空钟，绳勒右却，竹勒左却，一勒，空钟轰而疾转，大者声钟，小亦蜣蜋飞声，一钟声歇时乃已。制径寸至八九寸，其放之，一人至

图六〇 民国时期的童帽

图六一　新复制件绣弄伞、捻陀和提灯图

图六二　首都博物馆藏"空钟"

三人。"[25]又有清代《清代野记》载："京师儿童玩具有所谓空钟者，即外省之地铃，两头以竹筒为之，中贯以柱，以绳拉之作声。唯京师之空钟，其形圆而扁，如一轴贯两车轮，其音较外省所制清越而长。"[26]根据这些记载可知，所谓"空钟"（图六二）即民间流传的"地轴"，又叫"地铃"、"扯铃"，也就是现在空竹的前身。

图六一中的玩具既非像《清代野记》文字所记述的"其形圆而扁"，也没有"一绳"、"一竹尺"，所以应与空钟有异。在《定陵》的图版五〇捻陀图中[27]，有一个同样玩具横卧在两个捻陀小孩之前，因此这个玩具可能也是陀螺的一种。

婴戏主题之外，百子衣还绣有龙、花卉、山石和各种吉祥纹样。龙纹共有14条：前襟二条升龙、肩部二条行龙、后背一条正龙以及领口和对襟上九条小龙。

图六三 暗花罗方领女夹衣J55：1后襟绣龙图

图六四 原复制件绣龙图

图六五 新复制件绣龙图

    龙纹形象（图六三）[28]有典型的明代特点，头部比例较大，身形俊瘦矫健，龙发竖立，五爪呈风轮状。主体使用堆金、蹙金绣法，腹部钉孔雀羽线压金线，毛发和龙角用平绣。

    新复制件的龙首蹙金钉线工艺采用相邻的红色针脚行行取中相错的方法，避免出现原复制件中（图六四）红色钉线连续成线影响金绣的效果。

    绣制龙身时，考虑到衣服肩部的褶皱会造成图案的变形，我们特别注意了描图与施绣的处理，得出了比较完整的龙纹。龙的腹部采用钉孔雀羽线压金线的方法施绣，横压金线可以表现出如蛇腹的环纹效果（图六五）。

    百子衣上还绣有牡丹（图六六）、桃花（图六七）、梅花、菊花（图六八）、玉兰、芭蕉、灵芝（图六九）、竹子和松柏等南北方四季植物。原件处理花草图案时特别注意依植物生长形态顺线布针，并用圈金和扣针两种不同的方法勾勒轮廓。扣针是百子衣处理花卉的特色针法，极富时代特点，而这一点在原复制件上没有表现出来。这次复制我们特别观察了原件的扣针针法并加以运用，由于扣针针距短小紧密，扣针勾勒的轮廓都有隆起效果，使绣纹特别富有立体感。

百子衣上还穿插云纹、水纹、山石纹以及宝珠、方胜、犀角、书卷、如意、珊瑚、银锭、古钱等八宝纹。整件上衣由几百种纹样绣制完成，纹样细碎，散而不乱，效果辉煌统一，设计与绣制均数一流，是艺术价值极高的工艺品（图七〇、图七一）。

图六六 牡丹

图六七 桃花

图六八 菊花

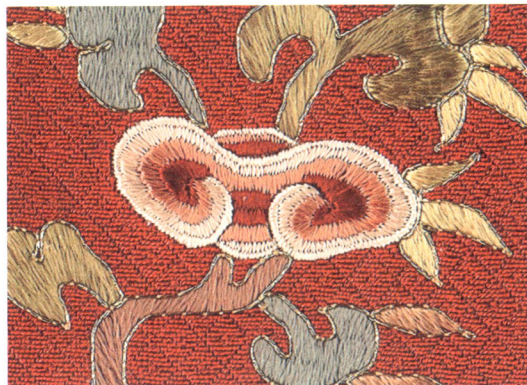

图六九 灵芝

图七〇 百子衣新复制件正面

五、尾 语

首都博物馆新复制的孝靖皇后百子衣，其刺绣纹饰是在原复制件的基础上，经中国社会科学院考古研究所王岩、王亚蓉先生再次与原考古照片核对、研究后定下的，而刺绣色彩和工艺则是由王亚蓉先生指导完成的。由于时间紧迫，新复制件恐仍存有不足之处，俟今后有机会予以补足。

注 释

(1) 孙佩兰：《明定陵出土刺绣百子衣的鉴定报告》，《定陵》（上）第352页，文物出版社1990年5月出版。

(2) 中国社会科学院考古研究所、定陵博物馆、北京市文物工作队：《定陵》（上）第139页，文物出版社1990年5月出版。

(3) 中国社会科学院考古研究所、定陵博物馆、北京市文物工作队：《定陵》（上）第139页，文物出版社1990年5月出版。

(4) 北京市文物工作队：《北京南苑苇子坑明代墓葬清理简报》，《文物》1964年第11期第45页。

(5) 中国社会科学院考古研究所、定陵博物馆、北京市文物工作队：《定陵》（下）图版二九，文物出版社1990年5月出版。

(6) 中国社会科学院考古研究所、定陵博物馆、北京市文物工作队：《定陵》（下）图版四一，文物出版社1990年5月出版。

(7) 上海书画出版社：《秋庭婴戏》第5页，上海书画出版社2004年7月第1版。

(8) 上海书画出版社：《秋庭婴戏》第15页，上海书画出版社2004年7月第1版。

(9) 中国社会科学院考古研究所、定陵博物馆、北京市文物工作队：《定陵》（下）图版四九，文物出版社1990年5月出版。

(10) 宋代苏焯《端阳戏婴图》原属清宫旧藏，现藏台北故宫博物院。

(11) 白维国：《〈金瓶梅〉词典》第3页，中华书局2000年10月出版。

(12) 刘侗、于奕正：《帝京景物略》第68页，北京古籍出版社2001年2月第3次印刷。

(13) 富察敦崇：《燕京岁时记》第66页，北京古籍出版社1981年出版。

(14) 兰陵笑笑生：《金瓶梅词话》，龙语翰堂典籍数据库。

(15) 上海书画出版社：《秋庭婴戏》第28页，上海书画出版社2004年7月第1版。

(16) 中国古代书画鉴定组：《中国绘画全集》第14卷第76页，文物出版社、浙江人民美术出版社2000年6月出版。

(17) 中国社会科学院考古研究所、定陵博物馆、北京市文物工作队：《定陵》（下）图版五一，文物出版社1990年5月出版。

(18) 上海书画出版社：《秋庭婴戏》第20页，上海书画出版社2004年7月第一版。

(19) 曹雪芹：《红楼梦》第32页，岳麓书社2006年6月出版。

(20) 中国社会科学院考古研究所、定陵博物馆、北京市文物工作队：《定陵》
（下）图版五五，文物出版社1990年5月出版。

(21) 中国社会科学院考古研究所、定陵博物馆、北京市文物工作队：《定陵》
（下）图版五七，文物出版社1990年5月出版。

(22) 中国社会科学院考古研究所、定陵博物馆、北京市文物工作队：《定陵》
（下）图版三六，文物出版社1990年5月出版。

(23) 中国社会科学院考古研究所、定陵博物馆、北京市文物工作队：《定陵》
（下）图版二七，文物出版社1990年5月出版。

(24) 中国社会科学院考古研究所、定陵博物馆、北京市文物工作队：《定陵》
（上）第140页，文物出版社1990年5月出版。

(25) 刘侗、于奕正：《帝京景物略》第67页，北京古籍出版社2001年2月第3次印刷。

(26) 张祖翼：《清代野记》第155页，中华书局2007年4月出版。

(27) 中国社会科学院考古研究所、定陵博物馆、北京市文物工作队：《定陵》
（下）图版五〇，文物出版社1990年5月出版。

(28) 中国社会科学院考古研究所、定陵博物馆、北京市文物工作队：《定陵》
（下）图版四七，文物出版社1990年5月出版。

图七一 百子衣新复制件背面

桑蚕单丝绕网机的改进与推广

王亚蓉 /中国社会科学院考古研究所文化遗产保护研究中心

1970～1971年间，中国科学院考古研究所与中国科学院化学研究所在修复二战期间阿尔巴尼亚因保存珍贵圣物而深埋地下导致板结成砖状的两部羊皮书的工作过程中，联合发明了桑蚕单丝绕网机，即单丝网的制作工艺与筛选PVB粘合加固技术。我们多年来一直推广和应用着这项技术，实践中深深体验到以王予先生为首的这项发明在有机质文物保护上所做的重要贡献。尤其是在纺织品文物的修复上，方便快捷，安全可逆，修复人员可根据文物的脆弱程度，现时制作适宜密度的单丝网，选择适用的粘合剂浓度，以文物现状为准，现使现做有膜丝网或方格空网，最大程度保证技术应用的准确性。

我们在常年的实际运用中感觉绕网机有所欠缺，结合工作中遇到的问题，在首都博物馆王武钰副馆长的大力帮助下，对七十年代制作的绕网机又进行了一些改进。王予老师的第一代绕网机是以手摇做动力制网，改进的第二代绕网机则加装了可逆电动机，节省了人力，速度加快，但使用中有不稳定因素，因固定网框的夹具是直接连接在转动轴上，网框用夹具一侧的元宝螺栓控制，转速快了网框会有些抖动，影响丝网的质量。我们认真研究改进了桑蚕单丝绕网机，改进的第三代绕网机主要在网框夹具的对面增加了一个支点，并将绕网机的传动齿轮等机械部分包封起来，安全防尘又美观（图一、图二），保证了转动的平稳性。同时传动皮带所连接的两组转动轮各设置三个不同的轮径（图三），调节传动皮带所连接的不同轴径，就可以制作不同密度的丝网（图四、

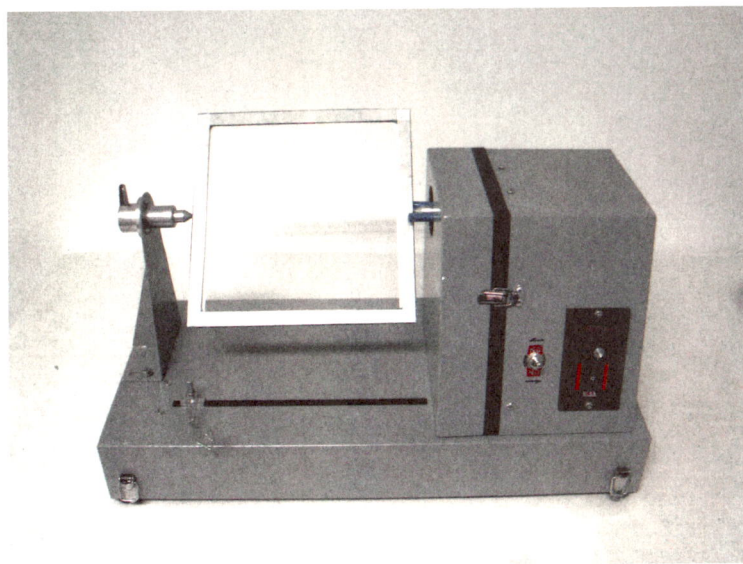

图一　改进后的绕网机将传动齿轮及电动机包封起来

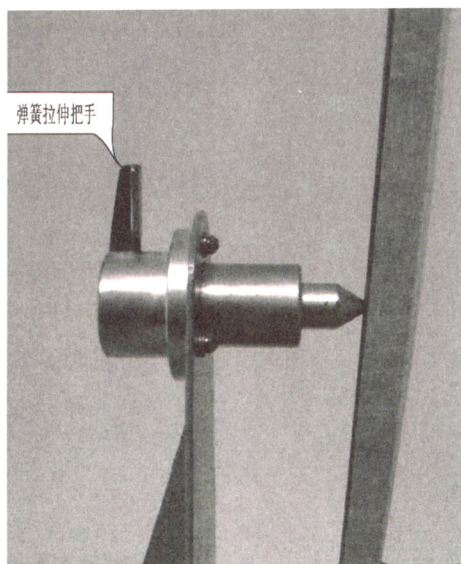

弹簧拉伸把手

图二　支具上的用弹簧拉伸把手控制支点

图五）。导线与维修小工具也隐藏在绕网机稳固的专用底盘抽屉内。

原来喷附粘合剂使用喉头喷雾器，这种医用手捏式喷雾器，长时间应用有操作费力、使用后不易清洗等弊病。现在我们选用绘画使用的喷笔（图六）、喷泵（图七）替代，喷笔所喷出的粘合剂均匀细腻，操作简便，用后直接用乙醇浸泡清洗即可（图八）。

在文物的修复过程中，可依照文物的糟朽程度判断应用蚕丝网的密度和粘合剂的用量，最糟朽的文物则选用有膜网进行加固。同时可以依被修复文物的颜色，选用经过天然色素染色的蚕茧制作所需色彩的丝网（图九、图一〇）。

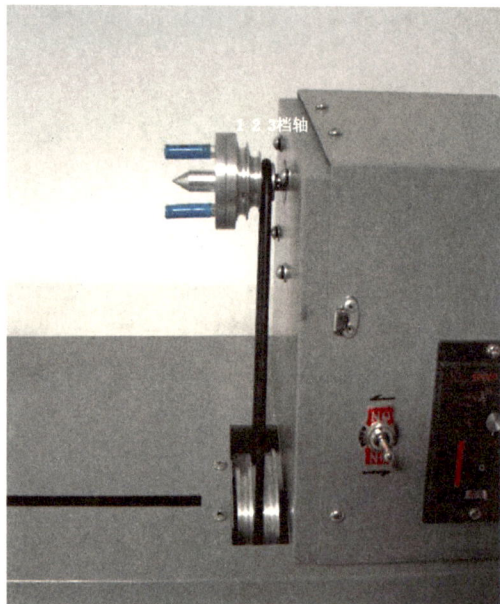

图三 传动皮带连接两组三个轮径的转动轮

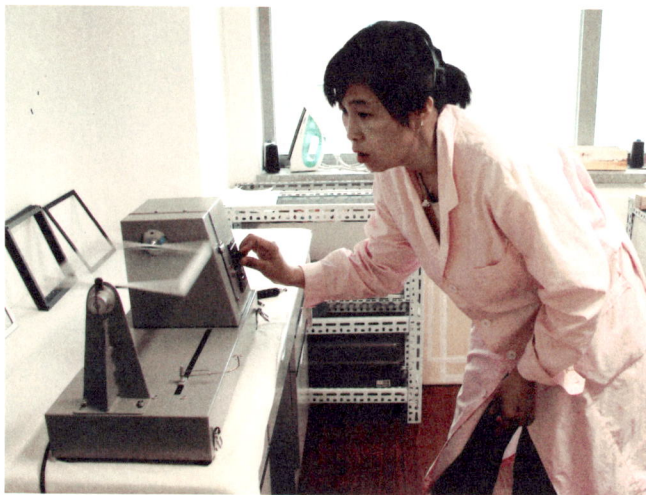

图四 绕网机开关使用

图五 绕制中固定丝头

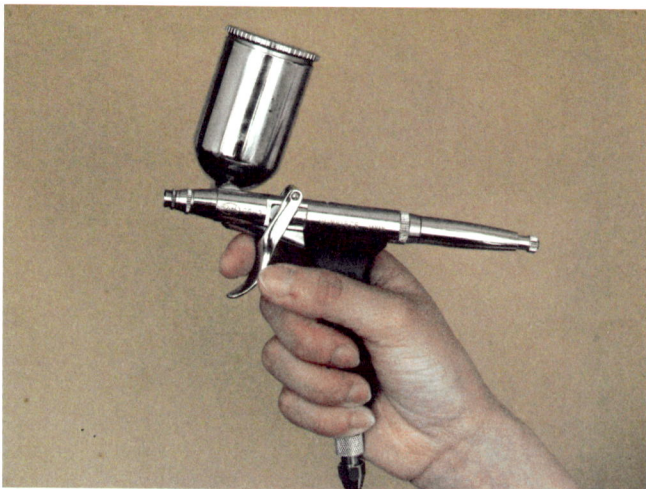

图六 喷笔

丝网也可以在修复其他有机质文物过程中起辅助作用。例如我们在拼对纸本、绢本文物碎片时，散落的残片可以依纹饰慢慢拼合，当拼对完成需要翻身处理时，翻转中易发生移动错位，先用丝网从正面加以固定，再翻转进行装裱。整个工作完成后，醇溶取下丝网即可，不会对文物造成伤害，又可加快文物修复的准确性和提高工作效率。

　　改进的绕网机已经在多家文物修复单位使用，如湖南省博物馆、新疆吐鲁番学研究院以及故宫博物院等，同时在档案馆、图书馆也开始得到推广，深受同行的欢迎。

　　丝网的制作工艺及粘合剂的应用请参阅附录一王予先生文。

图七　喷泵

图八　丝网绕成后喷附粘合剂

图九　染色（右）和天然（左）的蚕茧

图一〇　做好的丝网

字书文物的桑蚕单丝网·PVB加固技术

王　予 /中国社会科学院考古研究所文化遗产保护研究中心

1970～1971年期间，中国科学院考古研究所接受了国务院交下的为阿尔巴尼亚修复两部珍贵古书的任务。该书系公元6～9世纪遗物，用羊皮纸制成，泥金银书写，但朽败极为严重（图一）。为解决修复与加固技术的问题，考古所会同本院化学所研究后，各指派了科研人员，共同组成了技术班子，在统一任务下分别开展工作。主要是为了解决古书加固问题。

　　由于阿尔巴尼亚古书页两面都有文字，因而，我国传统的书画装潢的"托裱"办法便不适用。虽然当时国际上如日本、欧美仍有采用"日本纸"、"无纺布"、薄纱织物……蒙贴印本书籍作加固手段的，其结果是文字清晰度下降、视觉模糊、外观改变过甚等弊病比较显著。同时，我们还注意到1970年以前，国内国外近二三十年期间，在文物保护的"内加固"方面，轻率地单纯采用人工合成材料出现的一些问题，造成的损失，以及一些不可挽救的例证。从而产生了一个指导思想，对于直接施于文物本身的加固材料，我们确实"以天然材料为主，合成材料为辅的原则"，并力求把合成材料的选取和使用数量，降低到安全、恰好有效的限度以内。为此，联合技术组分别对八个系统的基础（补托）和二十余种粘合材料（其中合成粘合剂17种），进行了一系列的检测、筛选、制备与应用等方面的实验，终于在1971年5月，成功的研制出以单根桑蚕丝叠绕网为主体，以聚乙烯醇缩丁醛为胶粘剂的一整套丝网加固技术。用它来正面加固字书等薄质脆弱文物，既有实效，外观又不显露痕迹；亦不影响对文物的观察研究与照相，是一种新创的比较理想的文物保护加固材料和技术。其效果比以往对字书文物正面加固的任何方法都有显著的优点。

图一　阿尔巴尼亚羊皮书

这是一项合作成果，包括两个部分：《丝网制备工艺与字书加固方法》和《粘合剂的开发及聚乙烯醇缩丁醛老化实验》，这里介绍的是前一部分。

一、材　料

桑蚕白茧：以当年新茧为优，粒度一般取中等者，茧丝全长约八百米左右，大小均匀洁白无污染。单丝断裂强度约在3.3～3.9g/D，断裂伸长约13～18%左右，也可据不同需要选用大粒茧、小粒茧等。

聚乙烯醇缩丁醛（PVB）：须用高纯度制品，白色微细粉末，灰份<0.05%，酸值在0.1mgKOH/g以下，软化温度60～65℃。

无水乙醇（或乙醇）：以二级品（分析纯）为优。

取PVB以乙醇预溶，按重量比配成3～6%的透明无色胶液备用，浓度可据需调整。

其他添加剂：除必要时，以天然色素对蚕丝作伪装着色外，其他如防霉、防紫外问题，均取外式法解决，以免导入文物过多过杂的化学物质。

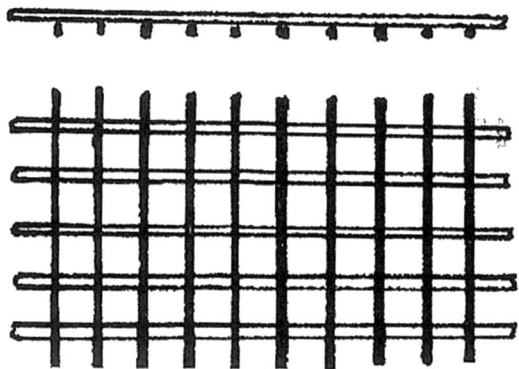

图二　丝网结构示意图

图三　制作丝网的设备

二、丝网制造工艺

由于单根蚕丝无法在织机上织造，故采取一种特殊的方法——在车床上（凡具丝杠者均可）或自制的绕网机上绕制加工。成品具有平纹织物的外观，但经纬线不交织，系上下两层叠压胶结成形，其断面结构是独特的（图二）。密度可任意调整，常用的有20×20、15×15、10×10、5×5/cm²等规格。下面介绍三种丝网形式。

（一）有膜丝网（膜网）

1.取有机玻璃板裁成正方形，规格20×20～30×30cm均可（视车床主轴中心而定，图三）。处理清洁，将其一边夹在卡盘夹具上（图四左）；另在车床刀架上，装上金属丝制成的"Y"形"导丝嘴"（图四右）。

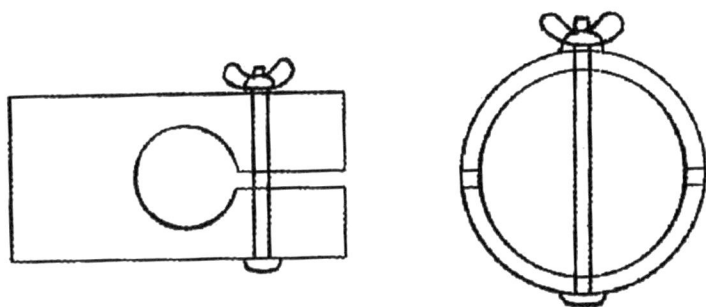

图四 制作丝网的夹具和导丝嘴

2.取已煮好的蚕茧一粒，置温水杯中索绪，再将单根蚕丝引入"导丝嘴"，开机向玻璃板上等距绕丝（丝距一般在0.5～2.0mm范围内，或因需而定），第一层丝绕满之后，将玻璃板转90度，再相互垂直绕第二层丝，绕满之后，形成叠压的网格，从卡盘上将玻璃板取下。

3.玻璃板两面有丝网，干燥后，即可向上刷涂或喷涂6%左右PVB乙醇胶液，务须均匀，入烘箱干燥即成透明的丝网膜。快刀划断四边浸入水中或贴上湿纸即可将膜网揭下。

有膜网厚度为0.02mm(比普通报纸薄3～4倍)，夹入黑纸中保存备用。

（二）无膜丝网（或简称：丝网）

1. 先用玻璃板、金属板制成正方形框架，要求规矩平正、不翘曲，成网面积约20×20cm（可大可小，视需要和绕制机具设定）。

2. 绕网方式同上（2）所述。

3. 绕好的丝网在网架上呈悬空状态，但两层单丝必须紧相叠压。取下绕满的框架，干后上胶。

4. 用含PVB约3～4%乙醇溶液，向丝网上喷洒，两面皆须均匀，每一遍干后再喷一次，以将丝网上的所有交叉点胶结粘住，同时在每根单丝上也均匀挂上了胶层，成为无膜丝网（粘合网）。干后将四边快刀连纸垫切下，夹入黑纸中保存备用。无膜丝网的成品厚度，由于胶结点的胶体略滴状，测量厚度为0.04mm左右,粘贴到纸质文物上时,PVB溶解之后,实际厚度则在0.015mm以下。

（三）絮状丝膜

此为一种无定向丝絮制成的粘合网和膜网。上胶方法与前两者相同，但絮状网有长丝和短丝两种。

1. 长丝絮状网。取正在吐丝的蚕，置光洁方板上，令其自由爬行吐丝，为求丝絮匀薄，可略控制蚕的活动。厚薄达到要求时，将絮网揭下，单丝之间自然粘结在一起，然后喷制成有膜絮网或无膜絮网备用。

2. 短丝絮网。购得白净生丝后，切成20mm长的短纤维（分散成单丝），在"无纺织布"（或干法造纸）的"气流式成网机"上，制成500mm宽的絮状网片，取下卷入纸中备用。上胶时先在玻璃上涂PVB，再将絮网平摊于上，喷涂较稀的PVB胶液，亦可制得有膜和无膜的短丝絮网。

这两种絮状网，主要用于"羊皮纸"书页或薄皮革的肉面（网状层表面）的补贴加固，它的优点是结构恰好和羊皮纸肉面层类同，隐蔽性好，适于特定的要求。

三、丝网使用的方法

上述各种丝网上的聚乙烯醇缩丁醛，在制网过程中是把两层单丝胶结成网的粘合剂；在加固字书丝绸文物时，又是丝网粘附到文物上的粘合剂。

由于聚乙烯醇缩丁醛具有热溶性和液溶性（如醇、酯、酮烷等有机溶剂多可溶解）。利用这一特点，各种丝网成品均可以热粘合或溶剂粘合法贴到字书、文件、丝绸等薄质文物上。一般是能够耐受热压作用的文物或不能耐受某种溶剂的文物，采用热粘合贴网加固（比如有相当强度的印刷字书、文件等）。反之，对于不能和不宜热压作用的皮革（如阿尔巴尼亚羊皮书经鉴定受热不能超过45℃，受压即破碎）和古丝绸等文物，则以溶贴法为宜，溶剂可用乙醇、丙酮等。

对于那些朽败过甚，整体连结力很差或者表层粉化，字迹或纹饰附着力很低的一类薄质字书文物，则以"有膜丝网"作加固最为有利。膜网上的"膜"，主要是为了让丝网能携带稍多而又分布匀薄的粘合剂。这层可溶性膜，在溶贴时便渗入文物表层而消失，遂成为内加固剂，从而使文物的整体连结强度和表面强度有一定的提高；新贴上去的丝网，才能得到一个相对坚固的粘附基础，达到加固的预期目的。用溶剂溶贴丝网还可以缓解以至消除制网过程产生的应力。单面贴网亦十分平坦，不卷不翘。这些优点，对于朽腐、脆弱程度大的纸张、皮革、丝绸等薄质文物的加固尤为相宜。阿尔巴尼亚的6～9世纪的两部羊皮纸古书是双面有字书页，有842页，就是用这种丝网加固的。

溶贴时，将丝网平铺，书页表面以软毛笔蘸无水乙醇适量，先点定四角，再有顺序的将丝网溶贴于书页表面，以匀而不显光泽为准。

点贴无膜丝网时，乙醇用量更要少一些，宜在干燥的气候条件下工作。

至于有一定强度的各类植物纤维纸质文物，可用热压法把"无膜丝网"热贴在文物表面。在丝网和热力板之间必须垫一张薄薄的"防粘衬垫"，以免把文件、丝网、热力板粘在一起。衬垫的作用与"脱膜剂"相似，可用多种方法供选用：

（一）在热力板上涂有机硅材料。

（二）用聚四氟乙烯膜隔离。

（三）用RTV硅橡胶20%汽油溶液浸涂薄纸做衬垫纸。

我们采用后者，经济便利。

热力板：在处理小件文物时，用电熨斗即可。处理大件可用照相干照片的上光板，在上光机上加热操作。温度不可过高，压力要适当。局部的跳丝，可用毛笔蘸无水乙醇轻轻点贴。

采用此法，丝网格眼不宜过大，用PVB不宜过多，因为胶粘剂呈线状贴在纸张表面上。纸张在受热时产生不同的收缩，应力增大，在粘合剂与文物界面剪切。故过薄过酥的纸、皮、丝绸文物不宜用此法处理。而对于一般的书刊报纸，大批量的加固速度较快。一般薄纸须两面同时粘网，才防止卷曲。

在使用"无膜丝网"加固或精修某些非常娇气脆弱的文物时，也以用无水乙醇点贴法较适当。阿尔巴尼亚银字羊皮书（1971年）和马王堆汉墓出土的丝绸（1972年），有不少便是以这种无膜丝网点贴方法加固的。

还有一种情况，某些双面字书文物具有异常情况，既不宜热压贴网，亦不宜用有机溶剂直接贴网（比如油墨油彩着色会被有机溶剂溶化）。若要事先用水溶胶液加固色层，干燥时文物收缩翘曲，又难以控制理平，对这类情况，我们应采用"复合膜丝网"，可得到较好的处理。

复合膜丝网的制作，是先在玻璃板上涂一层PVB，绕上丝网后，再涂一层稀薄水溶胶（如明胶、白芨、石花菜……等单一胶液）。制成的丝网是两面具不同溶剂的膜网做好标记，贴膜时，先将文物回潮，再以水润湿，保持匀平。然后将复合膜丝网，水溶胶一面平贴到文件表面，胶层溶后即将色层加固整理平实之后压在干布中缓慢干燥，再将PVB胶膜用乙醇溶化，遂将丝网进一步粘贴封护在文物上。

不论采用以上何种丝网、何种方法粘贴加固文物，都要求粘附均匀平整，不跳丝，不显光泽，不显痕迹，以保持文物的本来外观和使文物得到有效、恰当的加固为准则。

四、效 果

桑蚕单丝网、聚乙烯醇缩丁醛对脆弱字书的加固技术，是针对修复阿尔巴尼亚两面书写的羊皮书而发明应用的。其中金字书（约842页）由于书页酥软不均文字蚀孔严重，主要用带PVB膜的丝网加固；而银字书羊皮纸已呈溶胶状残贴于薄麻纸（0.045mm厚）衬页上，柔薄如印痕，则主要用无膜丝网加固，两者适应不同情况而修复外观效果相同，具有五项突出的优点。

（一）两种形式的丝网都是复合材料，天然单根蚕丝被胶结成平整网格骨架，有稳定的形状和机械强度。PVB粘结力强、光泽低、用量少而有实效。

（二）正面蒙盖加固字书，不显痕迹。不影响文物外观，不影响对文物的观测研究和照相的清晰度。

（三）比较耐老化，尤其是桑蚕单丝，考古发现证明，它具有2,000～4,000年左右的耐久性。

（四）对文物无不良影响。

（五）在较长时候内仍可溶除更新。

以上这些条件，满足了两部珍贵古书的高水平修复要求。

这种具有独特结构的桑蚕单丝网加固技术，当时在国内外是前所未有的一项新发明（至今仍处于领先地位）。在实用中证明，它的五项优点是其他加固方法难以同时具备的。它的使用工艺上的灵活性、简便性和安全性也是其他方法所不及的。因此首先得到中国科学院郭沫若院长和考古所夏鼐所长的肯定和嘉许，并在同年（1971年）11月1日由外交部、中国科学院、阿尔巴尼亚驻华使馆（包括阿国家档案馆专家）共同举行的验收会议上正式验收。在会上安东尼代办说："中国同志使这两部损坏十分严重的古书复活了……"后来阿方还请法国、意大利文物保护专家鉴定，均得到良好评价。

此后这项技术于1972～1973年，又成功地应用于湖南长沙马王堆汉墓两千年前的出土丝绸、帛画的修复加固，并先后向湖南省博物馆、故宫博物院、国家文物局文物保护研究所、南京博物院、湖北省博物馆、北京大学图书馆（文献部）等单位介绍推广，除应用于两面字书、纸张、丝绸、皮革文物加固外，还逐步扩大到使用于装潢的衬裱、壁画揭取时的画面封护等方面和近现代报刊大量加固工作中。最近（1987年）又应用到陕西扶风法门寺出土唐代珍贵丝绸文物的加固工作中。

经过十多年的实际应用观察，采用了这种丝网加固技术处理的文物，如马王堆汉代文物仍保持着原有加固水平和状态，粘贴于文物上的丝网及PVB其物理、化学性能都还相当稳定；高透明度，粘附牢度，柔软性……都无可感变化，无论溶贴或热压粘贴在文物上的丝网，都还可以容易的再溶取下来，它的五项优点依然如故。

另外，根据文物的不同条件，还能用各种天然粘合剂、合成粘合剂制成多种丝网，现品种已近二十余个，可适应各种需要。但最常用、最重要的粘合剂仍以PVB为优，而最优的制网材料则仍是桑蚕单丝。

Techniques for Reinforcement with Silk-Net
（Abstract）

In 1970-1971，we started to repair two parchment books dated from the 6th-9th century AD from Albania. After a series of experiments，we devised a technique to reinforce paper or textiles with a silk-net made of single silk filaments.

Materials：silk filaments from the mulberry cocoon，PVB and anhydrous ethanol.

Technique：lay single silk filaments on a glass to from a non-woven net. There are three types：a net with a membrane，a net without a membrane and a floss-like net.

Application：using ethanol or acetone，or by applying heat，melt the PVB and attach the net to the paper or textile to be conserved.

Summary：1. the net is a natural material similar to paper and textiles；2. the net is virtually invisible on the surface of the paper or textile after conservation；3. the net should last for 2,000-4,000 years；4. no damage is done to the object being conserved；5. PVB can be removed and the process is reversible.

This technique was applied to textiles from Mawangdui in 1972-1973 and at the Famen Temple in 1987 with great success.

大庆寿寺及其出土文物

张　宁 /北京艺术博物馆

刘树林 /首都博物馆文物保护修复中心

大庆寿寺，曾是北京城内有名的佛寺之一，原寺址位于西长安街。因寺内建有两座佛塔，故又名双塔庆寿寺。1955年，因展拓长安街，被拆除。拆除前，北京文物考古部门曾前往现场调查清理。三十年来，有关大庆寿寺及其出土文物，报章杂志虽偶有披露，但多限于该寺住持海云和尚道行碑文的考释，关于大庆寿寺的历史及其出土文物鲜见有专文述及[1]。大庆寿寺址与元大都城垣建筑有一定关系。当年清理寺址时之出土文物，现藏首都博物馆。本文特对庆寿寺之历史沿革及其出土文物，作专门记述和研究。

一、建置及其沿革

　　史籍记载大庆寿寺始建于金，盛于元、明，清渐次颓废。寺内有二和尚塔，毗连并建，略有收分。《帝京景物略》卷四谓："西长安街双砖塔，若长少而肩随立者，其长九级而右，其少七级而左。九级者，额曰特赠光天普照佛日圆明海云佑圣国师之塔。七级者，额曰佛日圆照大禅师可庵之灵塔。"[2]这里概括叙述了寺塔的形制、相对位置及其塔墓主人。史籍记载九级海云塔，建于蒙古宪宗蒙哥汗七年（公元1257年），其下葬海云和尚佛骨舍利。七级可庵塔，建于蒙古宪宗蒙哥汗八年（公元1258年），其下葬可庵禅师佛骨舍利。以上都是就寺内佛塔而言，至于寺内梵宇建筑，我们只能从史籍的转述中窥其大概。清末缪荃孙从《永乐大典》集录出的《顺天府志》引《图经志书》云："庆寿寺在时雍坊西南，金大定二十六年（公元1186年）所建，元至元十二年（公元1275年）重修，其间多金元时碑刻及金人画壁，元商德符山水、李衎墨竹、刘伯熙古木皆在焉，今为府城众僧祈祝之都会云。"[3]这里道出了佛寺的始建年代、碑刻殿堂壁画及当时该寺在大都佛事活动中的重要地位。文中"金元碑刻"包括金大定廿六年的寺碑。该碑"翰林侍讲学士李宴撰文，修撰党怀英丹书。"[4]至元十二年（公元1275年）至十九年（公元1282年），元代大事修葺该寺后，曾有纪事碑石存世。其中翰林学士承旨徐琰撰写的碑石，披露出二则值得注意的历史，一是关于庆寿寺内双塔的保护。碑云"海云、可庵皆葬寺之西南隅，至元四年（公元1267年）新作大都，二师之塔，适当城基，势必迁徙以遂其直，有旨勿迁，俾曲其城以避之。"[5]按双塔寺旧址，位于今西长安街六部口西北隅。文中既言新作大都城时二佛塔"适当城基"，据此即可知佛塔的位置，就应该是大都外城南城垣的基址所在。根据考古发掘与参校《顺天府志》卷七复原的元大都城平面图，呈南北略长之长方形，惟南城垣西段，城垣略向外绕，打破平面格局，其因就是"环而筑之"所造成。因此，《顺天府志》卷七的记载，无论作为复原大都城垣的依据，或是考察元代崇佛政策，都有很重要的价值。其次是关于修葺后该寺的规模与地位。碑文又云"京师佛寺自来甲天下，庆寿重修之后，完整雄壮又为京师之冠。"[6]据记载其时寺内有松樾轩、明极堂、飞虹飞渡二石桥，有转轮经幢。以上是史籍录述元代大庆寿寺建制沿革情况。元亡明兴，燕王朱棣通过"靖难之役"夺取政权之后，为了褒奖帮助他夺得帝位的"靖难"勋臣姚广孝，有意在庆寿寺为其建宅第。姚辞而不受，仍黄衣加身，退守教空门，居庆寿寺过着"冠而入朝、退仍缁衣"[7]半官半僧的生活。根据史籍记载，有理由相信，入明以后的大庆寿寺，较之元代，其完整保护状况，已大不如昔。金代书家党怀英撰写的北宋庆寿寺碑、金章宗手书的飞渡桥，飞虹桥六字桥名刻石都先后于明正统、嘉靖年间毁弃。正统十三年（公元1448年）太监王振以该寺过于朽敝，上奏明英宗朱祁镇，建言修葺。于是"上命役军民万人重修，非至钜万。既成，壮丽甲于京都诸寺"[8]，并改大庆寿寺为大兴隆寺（又名慈恩寺）。这是继元至元十二年（公元1275年）以后的又一次大兴土木。修缮之后，寺中佛堂建筑，声誉大振，对其中"八景""弘正间都下诸公赋诗成卷。马东田为之跋尾。"[9]事隔一年，即明正统十四年（公元1449年）庆寿寺遭火灾。"御使诸演言：'佛者非圣人之法，惑世诬民。皇上御极，命京师内外毁寺宇，汰僧尼。'"[10]可以想见，庆寿寺遭此天灾人祸之后，肯定已大失旧观。嘉靖初，从锦衣卫之请，明改建庆寿寺为射所。由于该寺几经破坏，佛堂建筑已毁弃殆尽，至此这里遂成为明朝政府点视军士及演马教习之地。清代乾隆二十九年（公元1764年）虽再次重修，但也不过是"殿庑数楹"而已。因此光绪《顺天府志》记述双塔庆寿寺时仅谓："寺仅存数椽，余悉入民居。"可见此时的庆寿寺梵宇已十分促狭。1953年此寺拆除前夕，一代巨刹，仅仅剩一小合院包双塔于其中了。

二、寺塔结构及清理情况

寺内双塔，九级大塔，迭经历代修葺，已非昔日旧观，檐间砖雕斗拱装饰无存。小塔大体上还保留原来的制式，檐间的斗拱等仍完整无缺。大小二塔塔基下之地宫结构完全相同。所有文物均出自大塔基之地宫中。小塔未见遗物。

　　大塔塔基距地表约四米，其中最上层的一米土层，系明清以来的堆积，其下为建塔时之原土层，由于塔身迭经历代修缮，故塔身砌砖制式不一。塔檐用大型的勾纹方砖，体积为37.5×23.5×6厘米。檐端雕环式筒瓦形，塔身大都用32.5×15×5厘米无纹饰的条砖砌成，间或也杂以少量勾纹条砖。塔基部分则纯用无纹的青砖铺砌。砖的铺砌方法是七铺一立，白灰灌浆。塔基中心下安放石棺，内葬海云和尚的佛骨舍利。石棺的形制与一般辽金时代的火葬石棺无异，不过此石棺为要放置棺内的骨灰匣和殉葬器物，故体积稍大，呈立方体。石棺长95厘米、宽94厘米、高82厘米，棺内面积为75×74×60厘米。其构造是由六块磨平的青色砂岩镶砌而成，除棺盖石厚约12厘米外，余均厚约10厘米。棺盖石上另铺有未经磨平厚约10厘米的青色砂岩两层，每层两块，两块拼合起来恰等于棺盖石之面积。

　　石棺内的骨灰匣和殉葬器物布置为南向，北面按一木榻（俗称罗汉床），榻上正中安置骨灰匣，榻前安置龟蚨座的碑形小墓志石。志石前安置条形小供桌，供桌中心安置钧窑瓷香炉一个（炉内存有香灰）。香炉两旁对称地安置木质须弥座瓜式涂金小瓶一对。瓶中插木质莲荷、慈菇叶等。茎已腐朽，花瓣、叶片、萼蒂等均朽落棺底泥土上。棺内所有木质器物，质地均为沉香木，虽历多年封闭，开棺时香气仍浓郁四溢。

　　骨灰匣内上层放绸质僧帽一顶，其下放骨灰包。匣底及四周空隙用白棉纸和剪裁剩余的织花残绸、织金缂丝残片垫塞。骨灰包最内层用净白丝棉扭裹骨灰，其外用一矩形缂丝包裹，再外为一层正方形黄地绣花绸巾包裹，白棉纸因浸泡年久，已呈纸浆状态。匣底还有二十多枚唐宋金三代年号的瘗钱和银耳挖一个。

三、出土文物

　　大庆寿寺塔基地宫，出土文物包括木器、丝棉织品、志石和瓷器等，现依其质地分述如下：

（一）木　器

　　1. **宋代楠木榻（俗称罗汉床）**。长72.2厘米，宽38.2厘米，高11.2厘米。木榻四框攒边，中嵌板面。板面下两侧分别支撑一组长9厘米、宽1.8厘米的托撑与边框相接。四腿底部之间分别用二根长78.5厘米、宽2.5厘米和二根长31.7厘米、宽1.7厘米的横材相连，构成底框，一同落地。前后横材中间各有一用云头纹形组成的立柱，与上下框相接。四周饰以壶门，木榫构接，榫眼有圆形和长方形两种。

2. **元代楠木条形小供桌**。长67.5厘米、高10厘米、宽11.9厘米。桌面厚1.5厘米。下面两侧各有一长6厘米、宽1.2厘米的托撑。四足圆柱，长方形榫眼，足柱上端有略似斗拱形的雀替、后二柱足底斜截去角后再行嵌镶。

3. **骨灰匣（盒）**。匣长33.9厘米、宽33.5厘米、高23厘米。盖顶长27.5厘米、宽27厘米、高9.2厘米。木匣内外髹黑漆，盖作覆斗形，贴以织金缂丝，因浸泡年久，织金缂丝多腐朽剥落，残存的部分也被水碱锈朽，现很难窥其花纹全貌。

4. **须弥座式木胎涂金小瓶**。通高13.5厘米，内瓶高10.1厘米。六角形须弥座高3.4厘米。瓶口有七个小孔，中插莲、荷、慈菇叶等。茎已腐朽无痕，木质的花瓣、萼蒂、叶片和莲实等散落棺底。小瓶通体涂金，出土时尚金光耀目，风化后干脱。

（二）丝棉织品

1. **绣花方巾**。元代，60平方厘米，赭黄底，绸质，中绣张牙舞爪吐舌戏珠黄龙和云彩图案。四角绣荷莲、牡丹、芍药、菊花及其茎叶。其上金印加围圈，书"香花供养"四字，各括方巾一角。四周绣野菊、牵牛等图案。此方巾也因浸泡年久，色质及图案多已褪色变质。

2. **缂丝残片**。元代，长68厘米、宽56厘米。其一角残损，赭色底，其上印染黑白相间的水波纹和卧莲图案，卧莲之间印染了几只游鹅。

3. **平金绸质僧帽**。丝织品，酱色地，尖顶，正方口，左右及后面有檐。帽高35厘米、口沿每方宽12.5厘米、顶部四角每方宽21厘米，后檐长17厘米、檐头宽35.5厘米。由后向两鬓斜收。左右两耳檐帽口处宽10厘米、下端宽15厘米、长21厘米。通体边沿用白色丝线钉锁黑布为地构成的如意形花纹图案。四面中央亦为白线钉锁黑布为地构成的火焰形的花纹图案。经鉴定，此质地为烟色罗。经密44根/厘米、宽0.15~0.20毫米；纬密20根/厘米、宽0.40毫米。似此织工精绝的丝织品，称得上是我国古代同类织物的佼佼者。

4. **织金花残绸片**。共四片，均为剪裁后的残边。其中有两片长70厘米、宽8厘米，另两片一片长22厘米、宽7.5厘米，一片长23厘米、宽8厘米。出土时尚金光闪闪，旋即褪色。史载丝织品加金线制品，始于汉代，至宋代获得长足发展。宋代以黄金为饰的器物多种多样，织金乃其一。尽管此织金花绸残片，出土后不久其金黄色泽即退，但仔细观察其图案，仍可看出织金工艺的痕迹。

5. **织花绸残片**。南宋，长约33厘米、宽约22厘米，因残形状很不规则。酱色地，其上织出四萼纹图案，萼形图案间又织出小朵花纹图案。惜花纹图案色泽已退。

（三）石 刻

1. **海云塔铭**。元，石质，长61.5厘米、宽45厘米、厚11.2厘米。上刻颜体"佛日圆明海云大宗师之灵塔"十二字。笔道内填金，塔铭四周饰云纹（图一）。

图一 海云塔铭

图二 可庵塔铭

图三 碑形石墓志正面

图四 碑形石墓志背面

2. **可庵塔铭**。元代，石质，长47厘米、宽39.5厘米、厚10.2厘米。上刻铭"佛日圆照大禅师可庵之灵塔"十二字。塔铭四周亦饰云纹（图二）。

3. **寺额**。元代，石质，长95.5厘米、宽32厘米、厚11.5厘米。额为一长方形石条，上刻"双塔庆寿寺"五字。

4. **石像**。高90厘米，为海云石雕像。

5. **碑形石墓志**。高29厘米、宽8.7厘米、厚1.8厘米。螭首龟趺。碑首纹为二龙戏珠，中间为火珠纹。碑面上着黑漆，其上刻字，碑面上面漆皮已剥落，但字迹尚可辨认（图三）。现依原铭款格式将正背两面刻铭转录于下：

正面：佑圣安国大禅师海云和尚，法

　　　讳印简，于丁巳年闰四月初四日

　　　辰时圆寂于西京大花严

　　　寺，享年五十有六。奉

　　　王旨建塔于大庆寿寺之西。

背面：南隅天穴。谥

　　　佛日圆明大宗师。特差

　　　宣使监修，卜以当年九月

　　　十五日安葬云。

嗣法小师　智明等志

6. **海云禅师碑**。元，通高330厘米，碑宽105厘米，志文楷书，阴阳两面刻文，碑额篆刻"大庆寿寺西堂海云大禅师碑"。因此碑刻立于海云生前，故当谓道行碑。元王乃庆撰文。

（四）其他出土物

塔基地宫除发现上述遗物外，另还出土有：

1. **宋钧窑香炉（三足圆炉）**。通高10.3厘米、足高2.2厘米、内口径9厘米、外径11.5厘米、腹径12.7厘米。三足炉初见宋代，是由鼎演变而来。此炉为宋代炉式之一。盘口，短颈，无耳，鼓腹，平底，足小而矮，外伸如S行，胎灰白，质细腻，釉色天青，匀洁明艳，底未挂釉，底部露胎处有墨书"庆寿水陆供圣"六字。

2. **铜钱**。计有唐开元钱一枚，北宋太平兴国、至道、咸平、景德、祥符、天禧、天圣、景祐，皇祐、熙宁、元丰、元祐、大观等年号的铜钱20枚。金大定铜钱1枚。

3. **残琉璃瓦**。元代，长10厘米、宽10厘米。器身施绿色琉璃釉，断面露胎。

4. **水晶珠、蓝色小料珠**。各一件。

四、结 语

从此塔基的建筑结构及出土遗物，可提出以下诸问题进行讨论。

（一）建筑上平面砖的出现，与石灰灌浆技术关系密切。从汉唐始，下迄宋金，我国建筑上多使用勾纹砖，因为当时以胶泥作粘合剂，勾纹可使粘合面加大，增加两砖之间的坚固度，故在制砖时，用勾纹，以延长建筑物的寿命。到了宋元之际，建筑上已较少使用勾纹砖，而改用无纹的平面砖，正是这时，石灰灌浆取胶泥而代之。由于白灰较之胶泥有更理想的粘合加固效果，因此也就结束了勾纹砖和胶泥灌浆的历史。此塔始建时，已改用石灰灌浆，砖也改用无纹平面。说明当时建筑技术上获得了长足进步。

（二）此塔基出土的木器保存完整，工艺精巧，在工艺美术上提供了重要的实物资料。按我国古代木器保留至今的很少，过去只有河北巨鹿出土过北宋"崇宁三年"题记的家具两件。一件为食用方桌，一件为靠背椅子，而且工艺都很粗糙。此外，在敦煌石窟的壁画中及白沙宋墓和太原金墓的壁画中有关于家具的描绘。此塔基出土的木檠，四周有壶门装饰，按壶门原为建筑上门框的形式，在唐代便移作家具的装饰了。这种四周饰以壶门的木檠，可以说是古代盛行以壶门家具的实物例证了。饰以雀替的小条几不但在工艺美术上提供了重要的实物资料，而且在今天我国北方各地，其同类制品，也还保存着这一历史孑遗。

（三）此塔基出土的丝织品、绣花缂丝等，虽出土后色彩旋退，但纤维组织及针法花饰等仍清晰可辨，而且由于系出土物，有绝对年代可依，因此它便可以作为鉴定宋元时代丝织绣品的标尺。按缂丝，又名克丝、缂丝、刻丝，宋人庄绰在其《鸡肋篇》一书谓宋代"定州织刻丝，不用大机，以熟色丝经于木杼上。随所欲作花草禽兽状。以小梭织纬时，先留其处，方以染色线缀于经纬之上，合以成文，若不相连。承空视之如雕镂之象，故名缂丝……。虽作百花，使之不相类亦可，盖纬线非通梭所织也。"这种断纬织法。这样即可根据需要，随心所欲地织出各种色彩绚丽的图案。此出土缂丝残片，在赭色地上，织出黄绿白等多色相间的图案，白鸭游弋于青波绿莲之中，正是宋代缂丝织造水平高超的反映。

（四）海云道行碑，佛教及教外经典虽不乏节录，但碑文鲜见史籍全录。这通洋洋近万言的碑文，虽只载海云事绩，但都关涉元朝开国史料，可补史阙。碑原本立于地上，不知何时淹埋土中，清代史学家王鸣盛，于乾隆庚辰（公元1760年）罢官无事，闲访冷巷，恣意搜求，曾于寺址访得此碑，碑下半截陷入土中，欲发土读之，不遂。"不禁为之恨怅"。清理双塔寺址时，海云碑始被挖出，年久剥蚀，文字多漫漶不清，经已故侯墀先生精心考释，又经苏天钧先生整理刊出，方得以窥其庐山真面目。因碑文业经刊出[11]，此不重录。仅据碑文内容提出几个问题，加以阐述，就正于史界的朋友们。

1.从敕撰碑文可看出大蒙古国对海云的器重。海云是跨越两个历史时代的人物，远在归顺大蒙古国之前，他在佛门即小有名气。因此，金代卫绍王恩赐纳具，金宣宗授他通玄广惠大师之号。成吉思汗十二年（公元1217年），他与其师被执后归服大蒙古国。当年就授他为寂照英悟大师。在他主持大庆寿寺前后，蒙古的王公大臣，如大师国王木华黎、中书令耶律楚材、皇帝忽必烈等，都与他有密切的交往。蒙哥即皇位后，赐海云银章并命复领天下宗教事，海云地位达到极点。正因为海云是对蒙古国有重大影响的人物，因此，在他"泊然而逝"的前两年，即元宪宗五年（公元1255年），蒙哥就累降诏旨，为海云大禅师撰写碑文。燕京编修所次二宫王万庆依旨按其"嗣法庆寿朗公禅师所录其师海云行状，乃得其道行之所著见于世者以书之"，这便是这通道行碑问世的原由。在海云死后58年，即元延祐元年（公元1314年）程钜夫又奉敕为海云撰写了海云简和尚塔碑，收录于《雪楼集》卷六。所有这些，都反映了蒙元统治者，尊崇佛教，推行"因其俗而柔其人"的宗教政策的实质。

2.海云对蒙元统治者施加影响，主要表现在推行汉法上。蒙古统治者，以一个后进的民族，征服先进的民族，面临着一个历史抉择，要么开历史倒车，把蒙古奴隶制的生产方式强加于早已封建化了的漠南汉地，要么顺应历史潮流，接受汉民族的先进文化，推行汉法，实行封建统治。海云对蒙元所施加的影响，客观上正是顺应这一历史潮流。丞相厦里"以严为治，官吏股慄"，他赐之以"燕之残民，遭罹变故，京城团困之久，存者无几"。他认为当务之急，正在安辑百姓，严正标掠，与民休息。他说："国以民为本，无民则何以为国。"忽都护大官人问出猎，他的答复是："救人为急，驰骋娱乐之事非所为宜。"问以刑赏，则曰"虽有口误之差，必当以仁恕为心乃为善。"他告诫蒙古可汗"国政苟有毫厘之失，必致大患，佛以慈悲于物，安利众生为心，宜慎行之"。他对维护封建统治秩序的伦理基础——儒学也极为推崇。他认为儒者所倡导的"三纲五常"是维护封建"君臣父子，夫妇之道，治国齐家平天下正心诚意之本"。在他的宣导之下，蒙古统治者"乃从其请"，使孔子之后裔衍圣元措"复袭其爵，以继其事"。元世祖未即位时，海云被召，过云中（今大同）途中，他邀云中南堂僧人子聪（刘秉忠）同行，称为"聪书记"，后来刘秉忠释僧服为宰相，并且在后来营建元大都时，功绩斐然，究其根源，实出海云所推荐。岁在壬寅（公元1242年），忽必烈大王请海云至行帐问佛法之理。他劝其"圣政下以安请万方为心，及闲暇之时，究竟佛祖本心"。这席话使忽必烈心悦诚服。"王大起敬信心，特以师礼重之。"从以上海云的言行，可以看出，海云的说教，虽然表面上蒙着一层佛法的外衣，但字里行间，无一不是政治的宣传。在当时的历史条件，蒙古统治者对他的主张，虽"不能悉从"，但潜移默化之功是不能否认的。及至忽必烈称帝之后，他不顾世袭蒙古王公贵族的反对，一改成吉思汗创业以来"武功选兴，文治多缺"的传统，决心"爰当临御之始，宣新弘远之规"改行汉法，建立了一个强大的统一的多民族的封建帝国——元朝。海云思想对他的影响，也是显而易见的。

3.蒙古对宗教，特别是对佛教的尊崇和特别保护，是出于政治需要。蒙古立国，靠的是征战、掠夺的高压政策，加上推行民族歧视政策，从成吉思汗的大蒙古国到忽必烈的大元帝国，阶级矛盾和民族矛盾始终很尖锐。由于受汉文化的影响，他们也逐渐悟到，天下可以马上得之，却不可以马上治之。在进行武力镇压的同时，也还需要怀柔的手段。有元一代，宗教特别被推崇，即出于这一需要。如蒙古占领燕京之初，"京城及天下寺宇皆为军民人区之所占据"。于是即降御宝宣谕，"悉令遣去"使寺宇"始得肃清为佛净界"。公元1248年（戊申），为命海云集天下禅教师僧云集燕京事，一次就下诏"复赐白金万两"。《顺天府志》卷七载：大庆寿寺常住的庙产"有栗园依《（法）华经》字数，每一字种栗一株，岁收此以供大众，每岁设提点监寺于寺之东，收贮各庄佃所纳栗如纳粮制，为数动以数千石为率……。"[12]又谓："庆寿寺祖师可闇以《法华经》数该四万八千字数为号种栗，园以千余顷，其园枝叶交蔽，绵亘不绝，翳日屯云，岁收栗数千石以供常住"。海云复修大庆寿寺，"垣廓庑，三门厨库以间计者千余"，皇太后及王公皆"资送黄金"，惜碑文残缺，资送黄金数额不得而知。另据大典本《顺天府志》卷七引《图经志书》

记载(13)，海云北见太祖于行宫，因奏对称旨，即"赐庆寿寺以固安、新城、武清之地、房山栗园、煤坑之地利，并京师之房舍恒资给之"。1984年北京第二次文物普查，于丰台区王佐公社瓦窑村，曾发现"敕赐大庆寿寺栗园碑"一通。碑文记载，当年蒙古统治者在房山神农乡"尝赐庆寿寺栗园十万□□"。

大蒙古国燕京大庆寿寺西堂海云大禅师碑。苏文已刊出（见注(1)）。为互为印证，现将"海云简和尚塔碑"附录于后，以供参考。

海云简和尚塔碑

达摩以禅宗倡南海上，六传为大鉴，又五传为临济，又十六传而为佛日圆明海云大宗师。师历事太祖、太宗、宪宗、世祖，为天下禅门之首，没后五十八年改元延祐，春三月丁未，集贤大学士臣颢、昭文馆大学士臣明里董阿，奉诏加谥光天普照佛日圆明海云祐圣国师，修其塔，命翰林学士承旨臣某为文刻石。臣某谨按：师名印简，宋姓，岚谷宁远人。七岁授《孝经》，开卷问："开者何宗，明者何义？"父母奇之，俾从浮屠颜公祝发。明年，师沼公，授经论，通讲说。居岚州广惠寺，日乞食以养，馀即为粥，以食饿者。金宣宗闻之，赐号通玄广惠大师。天兵破岚州，以师及沼公归，赐号寂照英悟大师，称之曰小长老。沼没，弟章公住燕之庆寿寺，有名，往依之。章昔梦师来，即请为记室。又思沼没时，属师有贺八十之语，心独喜。年十九，住兴州仁智寺。历燕之庆寿、竹林，易之兴国，兴安之永庆，昌平之开元，真定之临济，云中之龙宫、华严诸大刹，而主永庆者二，庆寿者三，放浪辽海上。手刺血和金泥，书大乘三聚、戒本十有六部，布之天下，为国祝釐焉。四方赉遗洎累朝赐予，金帛、珍宝巨万，惟以之建寺、斋僧、振贫乏而已。凡主大会七，度弟子千余名，王才侯受戒律者百数，士民奔走依向者以千万计。皇太后尤深敬礼。累号燕赵国大禅师、佑圣安国大禅师、光天镇国大士。丁巳四月三日，趣画天风、海涛、飞云之状于华严之西壁，浩朝而逝，年五十六。丧车行，诸王钵纳合等秉炉前导火举，有黄金梵相飞出，白鹤群舞于上。烟烬所泊，皆成舍利五色，或大如弹丸。还葬庆寿之西南隅，赐谥佛日圆明大宗师。诸大弟子分舍利，葬秦、赵之间者，为塔七。始，师由山西来燕，夜宿松铺岩下，因击火大悟，复参一公、玄公、章公诸硕，师道大显。白与公卿、大臣，言必语其辅国安民。时相夏里之徒，方事严刻，师劝以平政息役以弭灾蝗，体仁本恕以正刑赏；选俊义，罢游猎，以养国体。孔孟之道，万世帝王法程，宜加表树，以兴学校。世祖在潜邸，数延问佛法之要，在家出家异同。对曰：佛性被一切处，非染非静、非生非灭，何有同异？殿下亲为皇弟，重任藩寄，宜稽古审得失，举贤、错枉，以尊主庇民为务。佛法之要，孰大于此。会朝廷将试天下僧，丞相以问。师曰：山僧元不看经，一字不识。固问。师曰：国家先务节用爱民，鉏奸立善，以保天命，我辈乌足计哉！上闻而嘉之。裕皇始生，师摩顶，训之名。壬子夏，授以银章，领天下宗教事，非所乐也。以其徒朗公辈摄之。是年，新大兴之普济禅寺，特更赐额海云。至元四年，城京都，有司定基，正直师塔，命迁三十步许环之。惟师之道，高广洞达，慈济笃实，儒言而佛归；其道易知，其化易行，所以致褒宠于列圣，扬休光于奕世，非偶然也。有语录曰《杂毒海》行于世。铭曰：

粤若达摩，肇迹南海。廿有七传，至师而大。惟师生知，默识顿悟。乘时钟运，归我圣祖。少跻讲肆，长历坛场。孔艰且勤，厥道用光。智而弗作，惠而弗有。弥虚而塞，弥静而久。雷行四朝，风动九壤。飞琛走货，云谢电往。济济王侯，摁摁学人。问法指心，求治以身，德教并流，内外摁统，弗合弗离，弗涤弗壅，汝悬我解，汝溺我援。泮涣万流，忽为一源。惟师之道，俾尔有炜。寺标海云，塔迁城阯。惟明天子，是信是尊。涣号孔嘉，宜尔万年。[14]

附记：此文原发表于《首都博物馆国庆40周年文集》，中国民间文艺出版社1989年版。这次发表，我们重新查阅了有关文献，改正了文中一些错引或误植之字。另，文物的定名，经过研究亦有几处改动：绣花方巾即刺绣"香花供养"云龙纹包袱；平金绸质僧帽即火焰纹堆补绣僧帽。

注 释

(1) 若干年来，有关庆寿寺文章，仅见两例。《北京市双塔庆寿寺出土的丝棉织品及绣花》见《文物参考资料》1958年9期。此文仅就塔基出土文物中的丝棉织品加以报道，其他文物如木器、石刻以及佛寺沿革等均未涉及。《北京文物与考古》1983年总一辑，苏天钧《燕京双塔庆寿寺与海云和尚》文重在海云和尚道行碑的考释，对该寺沿革、出土文物略而未论。

(2) （明）刘侗、于奕正著：《帝京景物略》卷四，第157页，北京古籍出版社1983年12月第一版。

(3) （清）缪荃孙抄录：《顺天府志卷七·寺》第1页，北京大学出版社1983年4月第一次影印。

(4)（清）缪荃孙抄录：《顺天府志卷七·寺》第1页，北京大学出版社1983年4月第一次影印。

(5)（清）缪荃孙抄录：《顺天府志卷七·寺》第1页，北京大学出版社1983年4月第一次影印。

(6)（清）缪荃孙抄录：《顺天府志卷七·寺》第1页，北京大学出版社1983年4月第一次影印。

(7)（清）张廷玉等撰：《明史卷一百四十五·列传第三十三》第4081页，中华书局1997年11月出版。

(8)（清）于敏中等编纂：《日下旧文考·卷四十三·城市》第684页，北京古籍出版社1981年10月出版。

(9)（清）于敏中等编纂：《日下旧文考·卷四十三·城市》第684页，北京古籍出版社1981年10月出版。

(10)（清）于敏中等编纂：《日下旧文考·卷四十三·城市》第684页，北京古籍出版社1981年10月出版。

(11)苏天钧：《燕京双塔庆寿寺与海云和尚》，《北京文物与考古》1983年第一辑。

(12)（清）缪荃孙抄录：《顺天府志卷七·寺》第5页，北京大学出版社1983年4月第一次影印。

(13)（清）缪荃孙抄录：《顺天府志卷十四·昌平》第400页，北京大学出版社1983年4月第一次影印。

(14)（元）程文海撰：《雪楼集》卷六，《丛书集成续编》集部第108册，上海书店，1994年6月出版。

编后记

　　中国是世界上育蚕缫丝创始的国家，精美华贵的丝绸是中国人可为之自豪的发明创造与物质财富。20世纪的下半个世纪是中国科学考古的辉煌时期，纺织考古也成绩斐然，取得了五千年纺织品文物的实物序列。有一次次震惊世界的纺织考古大发现，如河姆渡、靖安东周墓、马王堆汉墓、马山楚墓、法门寺唐塔地宫、尼雅墓群、老山汉墓、陈国公主墓、叶茂台辽墓和明皇定陵等等。但幸存至今的古代纺织品保存与保护却一直是困扰我们的难题。

　　2003年得著名考古学家徐苹芳先生的大力支持，首都博物馆聘得中国社会科学院从事纺织考古研究与保护的学者王亚蓉先生在我馆文物保护修复中心组建了纺织品保护研究工作室，倾心培养纺织品研究保护的接班人。首都博物馆馆藏纺织品文物除传世文物外，藏品多为半个多世纪以来北京市文物考古研究所发掘出土的纺织品文物。纺织品保护研究工作即首先从清洗保护首都博物馆新馆上展纺织品文物开始，五年来取得了一些成绩，也逐渐开始在全国纺织品保护领域发挥了一些积极作用。

　　2005年首都博物馆、湖南省博物馆，吐鲁番学研究院、陕西历史博物馆、法门寺博物馆的有关领导和专家经过几度磋商，决定整合各馆的人力、物力资源，针对有机质纺织品文物的特质，采取文物不动、人才流动的形式，为全国有需要的各大博物馆、考古所逐渐建立一支纺织品文物保护研究的科技队伍。同年7月，五家博物馆在北京召开了联席会议，会上各单位领导和专家各抒己见，介绍了各自纺织品文物的藏品现况，并均表达了联合的诚意，认真讨论了联合工作的各项具体事宜，草拟签订了联合意向和协议书，会议商定聘请王亚蓉先生为总顾问。

　　徐苹芳、王丹华和周宝中等国家文物局专家出席了会议，一致认为建立古代纺织品研究保护联合体是一种优势互补、资源共享、抢救保护丝织品的重要举措。王丹华先生认为这个联合体拥有丰富的文物资源，包括南方的、北方的、早期晚期的出土与传世的纺织品文物，在保护研究修复实践中培养人才实是个很好的创举；周保中先生认为通过这个联合体优化组合既可修复文物，又可培养人才，但实践中要注意将传统修复经验与高科技检测手段相结合，提高纺织品文物的保护研究水平；徐苹芳先生重点强调了丝织品文物保护和研究是从考古发掘现场开始的重要性，指出建立这样的联合体，利用老一辈专家的实践经验，认真做好纺织品文物的现场应急保护和保护起取及室内考古清理工作，不能放过并保存文物上留存的任何历史信息。实践中开展丝织品文物的保护研究工作，注意开展多学科的综合研究，要与其他科技保护单位的协作，力争在纺织品保护研究方面有所突破，有所创新，逐步形成一个系统工程。这个自发组成的联合体得到与会专家的认可。建立联合体的讯息发表在2005年8月10日的中国文物报上。

在北京市文物局考古科研处与北京市科委社会发展处以及首都博物馆韩永馆长等领导的大力支持下，由首都博物馆文物保护修复中心精心组织、王亚蓉先生具体指导完成的这项科研课题是纺织品保护研究工作室几年努力的初步成果，将部分纺织品文物的修复保护与实验报告研究辑成的这本小书，目的是与同行们更好地进行专业技术交流。

书中所附的两篇文章，一为本书所涉及的庆寿寺出土文物介绍，二为丝网机及PVB粘合剂的详细报告，目的是为读者提供更多的信息。

本书的出版，也反映了首都博物馆文物保护修复中心纺织品保护研究工作室的一个年轻专业队伍正在苗壮成长，相信不久的将来，这批年轻的纺织品研究保护专门人才，会在纺织品文物保护事业中做出更大的贡献。

另外，也要感谢十三陵特区文物科及李德仲先生对首都博物馆复制孝靖皇后百子衣及万历十二章缂丝衮服给予的热情支持。

王武钰

2008年9月

主　编

王武钰

副主编

王亚蓉

本书参与人员的工作内容与分工

科委项目负责人：王武钰

研究修复指导：王亚蓉

一 《刺绣"香花供养"云龙纹包袱保护研究报告》

参与修复人员：栾桂芝　傅　萌

撰文：张国英

绘图：贾　汀　张国英

二 《火焰纹堆补绣僧帽保护研究报告》

参与修复人员：傅　萌

竹骨支架设计制作：王　宁

撰文：傅　萌

三 《庆寿寺出土僧帽样式考》

撰文：傅　萌

四 《密封册保护研究报告》

工艺复原：司志文

撰文：司志文

五 《明代缂丝加绣质疑》

撰文：贾　汀

六 《明定陵孝靖皇后百子衣研制报告》

复制纹版绘图：陈胜锋　司志文

刺绣复制：杜秀平　杜春江　于淑敏　杜红军

邢文静　邢翠娟　于凤萍　胡晓坤

绣衣合成：皮　江

金扣复制：熊士华

撰文：傅　萌

七 《桑蚕单丝绕网机的改进与推广》

撰文：王亚蓉

附录一 《字书文物的桑蚕单丝网·PVB加固技术》

撰文：王　予

附录二 《大庆寺及其出土文物》

撰文：张　宁　刘树林

摄影：谷中秀　梁　刚　张京虎　朴　实　苑　雯　傅　萌　司志文